KB194364

안동사람들이
만주에서 펼친 항일투쟁

안동사람들이 만주에서 펼친 항일투쟁

초판 제1쇄 인쇄 2011.12.26
초판 제1쇄 발행 2011.12.29

지은이   김 희 곤
펴낸이   김 경 희

경 영   강 숙 자
편 집   최 윤 정
영 업   문 영 준
관 리   문 암 식
경 리   김 양 헌

펴낸곳   (주)지식산업사
          본사 ● 413 - 832, 경기도 파주시 교하읍 문발리 520 - 12
                전화 (031) 955 - 4226~7 팩스 (031)955 - 4228
          서울사무소 ● 110 - 040, 서울시 종로구 통의동 35 - 18
                전화 (02)734 - 1978 팩스 (02)720 - 7900
          한글문패 지식산업사
          영문문패 www.jisik.co.kr
          전자우편 jsp@jisik.co.kr
          등록번호 1 - 363
          등록날짜 1969. 5. 8.

책값은 뒤표지에 있습니다.

ISBN 978-89-423-1149-1 (04990)
ISBN 978-89-423-0056-3 (세트)

이 책을 읽고 저자에게 문의하고자 하는 이는
지식산업사 전자우편으로 연락바랍니다.

이 책 발간에는 국가보훈처의 지원이 있었습니다.

안동사람들이
만주에서 펼친 항일투쟁

김희곤 지음

지식산업사

책머리에

연초부터 '만주망명 백주년'이라는 말이 거듭 들려왔다. 만주망명이 꼭 백 년 전에 시작되지는 않았지만, 나라를 잃은 뒤 본격적으로 만주(지금 중국의 동북지역)에 독립군 기지를 건설하려고 나선 발걸음을 따진다면 그렇다는 뜻이다.

대개 '백주년'이라면 특별하게 여기고, 이를 기리는 사업을 펼치게 마련이다. 정부가 나서서 기념하기도 하지만, 특정한 문중이나 후손이 나서서 추진하기도 한다. 힘을 가진 집안은 능력을 발휘하여 기념사업을 번듯하게 펼치고 조상을 집중적으로 내세운다. 이와 달리 기념사업의 불빛이 세상을 떠들썩하게 만들어도, 햇살 한 번 받지 못하고 역사의 그늘 속에 웅크리고 있는 인물도 많다. 역사의 조명과 평가가 후손의 역량에 따라 이루어지는 일이 허다하다는 느낌을 지울 수 없다. 하기야 분묘의 호화롭기가 조상의 인물 됨됨이보다는 후손들의 역량에 비례한 것임을 생각하면, 그럴

만도 하다.

만주에서 펼친 독립운동에 안동사람만큼 기여도가 높은 경우도 찾기 힘들다. 하지만 그만큼 조명을 받고 평가되었는지 되물어보면 쉽게 고개를 끄덕이기 힘들다. 그분들의 망명은 그 어느 곳 출신보다 집중적이고 대규모였다. 이들은 문중별 집단 기획 망명이었다. 안동문화권의 주요 문중과 학맥, 혼맥으로 얽힌 인물들이 한꺼번에 집단적으로 망명한 것이다. 김대락과 김동삼이 이끈 내앞마을 의성김씨, 이상룡이 앞장선 안동시내 법흥과 와룡 도곡마을의 고성이씨, 이원일로 대표되는 도산면 하계와 청구의 진성이씨, 류인식을 비롯한 삼산마을 전주류씨, 여기에 예안의 흥해배씨 등은 모두 문중 단위로 움직인 망명이었다. 이들이 앞장서자, 이들과 학맥과 혼맥을 가진 주변 지역에서도 동참하였다. 울진 평해 사동마을의 평해황씨, 평해 직산의 경주이씨, 영덕 축산의 도곡마을 무안박씨, 영양 주실마을 한양조씨 등이 대표적이다.

1911년 안동문화권의 만주 집단망명은 오로지 항일투쟁에 목적을 두었다. 기지를 건설하여 독립군을 기르고, 독립전쟁을 벌여 조국의 광복을 이루겠다는 것이 이들의 오직 하나뿐인 바람이었다. 고향에서 누리던 모든 특권을 내던지고 떠난 그들이지만, 마주친 환경은 날마다 죽음을 넘나드는 것이었고, 실제로 많은 희생이 줄을 이었다.

숱한 악조건을 이겨내면서 펼친 이들의 활동은 1910년대 중반을 넘어서면서 성과를 이루기 시작했고, 일본군과 맞서 싸워 이기는 열매를 거두기도 했다. 1920년대에 들어 새로 들어온 이념까지 받아들여 만주지역 동포사회를 통솔하면서, 항일투쟁을 이어나갔다. 1930년대에 들면, 만주망명 초기에 어렸던 아이들이 자라나 항일투쟁 제2세대가 되고, 이제는 이들이 최전선에 나섰다. 1940년이면 만주지역 항일투쟁은 사실상 대세를 마무리 짓는다. 따라서 만주지역 독립운동가들이 펼친 독립전쟁은 대개 30년으로 잡으면 무리가 없다. 그런데 한 해 동안 펼쳐진 기념사업을 보면, 거의 모두 1910년대 초반의 활동에만 무게를 실어 눈길을 주고 평가하였던 것 같다. 사실 정작 중요한 것은 그 뒤 30년 세월이다.

이 책은 안동사람들이 만주에서 펼친 항일투쟁 30년 역사를 담았다. 함께 그 길을 간 가족들, 더욱이 여인들의 이야기도 담으려 애를 썼다. 하지만 없는 자료를 만들어 낼 수도 없으니, 그저 할 수 있는 만큼 나아가는 데 만족할 수밖에 없다. 이러한 노력이 다음의 작업을 가능하게 만들 수 있으리라는 생각으로 마무리 짓는다.

이 책을 쓰는 동안 우리 기념관의 한준호 · 김주현과 박사과정생 조영득의 자료 정리가 큰 도움이 되었다. 끝으로 늘 격려의 말씀을 아끼지 않으시는 지식산업사 김경희 사장님과 편집 담당자에게 감사드린다.

대한민국 93년(2011) 12월

김 희 곤

차 례

1919년 서간도 지도

1

왜 만주로 가나

1911년 1월(음 1910.12.) 안동의 항일 독립운동가들이 가족들과 함께 만주를 향해 길을 나선다. 꽁꽁 얼어붙은 매서운 추위를 뚫고 길을 나선 그들의 선택에는 조그만 흔들림도, 망설임도 없었다. 걱정하고 만류하는 사람은 많았지만, 정작 떠나는 사람들의 뜻은 굳건하고, 걸음도 비장하다. 고향을 등지고 서쪽으로 걸음을 내딛기 시작한 것이다. 갈 곳은 멀고도 낯선 만주, 입으로야 돌아올 기약을 수없이 되뇌지만, 마음속으로는 살아서 돌아온다는 확신을 갖기가 쉽지 않았다. 그래서 마음을 더욱 굳게 다지고 다지며 나섰다. 이는 안동을 떠나던 그때 모습이다.

석주 이상룡·백하 김대락·일송 김동삼 등이 앞서거니 뒤서거니 하면서 길을 나섰다. 그냥 홀로 가는 길이 아니었다. 가족들과 함께 떠나는 사람도 많았다. 그러니 미리 조사와 준비도 해야 하고, 그래서 급하게 성근 계획이라도 세워야 했다. 함께 나선 가족 가운데에는 산달을 코앞에 둔 임부도 있었다. 그렇지 않아도 힘든 걸음인데, 그 차디찬 겨울 길은 더욱 그러할 수밖에 없었다.

그러면 왜 그들은 고난의 길을 택하였을까? 이유는 두 가지다. 하나는 일제의 침략과 통치를 인정할 수 없는 것이고, 다른 하나는 나라를 되찾을 힘을 길러 독립전쟁을 펼치는 것이다. 먼저 앞의 이유를 찾아보자.

석주 이상룡은 〈서사록西徙錄〉에서 만주로 가는 이유를 이렇게 썼다.

> 만일 오로지 내 한 몸을 온전히 하고 집안을 보전하려 한다면 고향이 객지보다 나을 것임은 틀림없을 뿐만이 아니다. 왜 그런가? 이곳은 양전옥답良田玉畓의 곡식과 육지의 고기, 바다의 어물이 있어 먹고 마시기에 편리하고, 고대광실高臺廣室에 따뜻한 이불과 커다란 요가 있어 거처하기에 편안하다. …… 모두 고향에서 누릴 수 있는 즐거움이요, 객지에는 없는 일이기 때문이다.

그렇지만 그는 그럴 수 없다고 밝혔다. "나는 구차히 목

숨을 훔치려는 부류가 아니다."라는 것이 그 이유다. 1905
년 거금을 들여 의병기지를 만들던 이야기며, 1909년 대한
협회 안동지회를 만들어 구국계몽운동에 나섰다가 경무서
警務署에 수십 일 동안 붙잡혀 지내던 사실을 말하면서, 그
런 탄압이 있어도 한 치도 꺾이지 않겠다는 자신의 의지와
선택을 밝혔다. 거기에는 결코 굽히지 않고 옳은 길만 걸었
던 지난날처럼, 나라가 망한 뒤로도 오로지 '바른길'만 걸
을 것이라는 의지가 담겼다. 다음 구절에서도 그런 뜻을 살
필 수 있다.

> 다만 대장부의 철석같은 의지로써, 백 번 꺾여도 굽히지
> 않는 태도가 필요할 뿐이다. 어찌 속수무책의 희망 없는 귀
> 신이 될 수 있겠는가?

만주망명을 택한 두 번째 이유는 나라를 되찾을 힘을 기
르는 것이다. 그 핵심이 바로 독립군 기지 건설이다. 먼저
독립군을 기르고, 뒤에 국내 진공작전을 펼쳐 독립을 달성
한다는 것이다. 물론 일본을 쉽게 이길 수 있으리라 여긴
사람은 없었을 터, 하지만 기회가 반드시 오리라는 확신만
은 분명했다. 왜냐하면 한 번 침략전쟁을 일으킨 제국주의

일본이 또다시 전쟁을 일으키지 않을 리는 없고, 그럴 때 독립군이 항일전선에 뛰어 들어 독립전쟁을 펼칠 수 있는 기회가 오리라고 판단했기 때문이다. 1914년에 터진 제1차 세계대전은 그들의 판단이 옳았음을 보여준다. 그것도 나라를 잃은 지 4년 만에 터진 것이 아닌가. 다만 전쟁의 결과가 우리가 바라던 것과는 달리 일본이 승전국이 되는 바람에, 독립을 달성하려던 계획은 뒤로 밀릴 수밖에 없었다.

이처럼 독립운동가들이 만주망명을 선택한 이유는 분명했다. 일제 침략과 통치를 받아들이지 않겠다는 의지가 그 하나요, 독립군을 길러 독립전쟁을 펼치겠다는 목표가 다른 하나였다. 그렇다면 하필 왜 만주인가? 그곳은 옮겨가기에도 좋고, 넓고 넓은 빈 땅이 있어 개간하기 적당했다. 더구나 망명자 대부분은 그곳이 우리의 역사 무대라는 인식을 갖고 있었다. 광활한 대지에 버려진 듯한 늪지들은 논농사를 짓기에 알맞은 곳이라 여겨졌다. 또 그곳에서 우리 역사를 지어 책으로 만들고 역사교육에 힘을 기울인 이유도 오로지 동포들에게 주인의식을 심어주기 위한 것이었다. 이주와 정착과정에서 만주족을 비롯한 중국인들의 괄시와 홀대를 이겨내는 방법 가운데 가장 중요한 것이 바로 주인의식을 갖는 것이었기 때문이다.

그렇다면 얼마나 많은 이들이 만주로 향했을까? 정확하게 알 수는 없다. 1860년대 이후 시작된 만주 이주 대열은 조금씩 천천히 늘어나다가 나라가 무너지던 무렵, 독립운동가들의 이주 망명이 잇따르면서 빠르게 늘어났다. 더구나 서간도에 터전을 마련한 뒤 동포들의 이주를 권하는 운동이 펼쳐지면서, 더욱 그러했다. 1920년대 중반을 넘어설 때, 만주지역에 거주하던 한국인이 무려 수십만 명이나 되는 데에는 그러한 운동도 한몫을 해냈다.

물론 이주하는 목적이 모두 독립운동에 있었던 것만은 아니다. 먹고 살기 위해 길을 찾아 나선 사람이 오히려 더 많았다. 하지만 곳곳에서 동포사회가 구성되는 핵심에는, 독립운동가들이 만들어 둔 기지가 군데군데 바둑판 위의 돌처럼 자리 잡고 있었다. 1910년 직후에 독립운동가들의 집중된 망명과 독립군 기지 건설 작업이 거둔 성과들이었다.

독립운동가들의 선택은 독립군 기지 건설을 위한 기획 망명이다. 1909년 신민회新民會 주역들은 더 이상 나라 안에서 버텨내기 힘들다고 판단하고, 만주에 독립군 기지를 건설하려는 계획을 세웠다. 그러자면 먼저 현지를 조사해야 했는데, 조사단이 다녀온 것도 모두 이 때문이다. 이러한 기획 망명에 신민회만 앞장선 것은 아니다. 만주지역에 대

한 기대는 나라가 무너질 무렵 한인들이 계획하거나 실행에
옮긴 하나의 거대한 조류였다.

이 말은 1910년 나라가 무너질 무렵, 만주로 간다는 것
이 독립운동가들 사이에 큰 바람이었다는 뜻이다. 대한제국
국군이 해산되고, 유일하게 남은 무장투쟁 세력인 의병義兵
마저 일본군의 강력하고도 집요한 공격에 꺾여 갈 때, 신돌
석 의병장도 '서행西行', 곧 만주로 간다는 계획을 세울 정
도였다. 만주로 가서 힘을 기르면서 때를 기다린다는 신돌
석 의병장의 계획은 그것이 신민회만의 것이 아니라, 독립
운동가들의 전반적인 흐름이었다는 점을 알려준다. 이런 분
위기 속에 경북 북부지역의 독립운동가들도 만주행을 선택
했다. 1910년 나라가 망한 직후, 그 계획은 구체화되고, 그
해 가을 들어 독립운동가들 사이에 만주행은 필연적인 선택
이라는 인식이 퍼져갔다. 더구나 안동을 중심으로 유림에서
목숨을 던져 일제 침략에 항거하는, 자정순국자自靖殉國者가
줄을 잇던 터였다.

이미 빼앗긴 땅이 되고 말았으니, 이제 어디에서 나라 찾
을 사람을 길러낼 수 있을까. 한 해 앞서 예안의 향산響山
이만도李晩燾를 시작으로, 목숨을 던져 순국하는 선비들이
줄을 이었다. 그 투쟁은 일제 침략과 병탄, 그리고 통치에

대하여 목숨을 던져 부당함을 증명하는 것이고, 겨레에게 깨우침을 요구하는 일이었다. 하지만 그렇다고 일제가 스스로 한국에서 물러설 리는 없었다.

독립국가를 회복하자면, 직접 군대를 길러 이를 앞세우고 일제를 물리치는 방법이 가장 바른 길이다. 그러자면 무엇보다 먼저 군대를 길러야 한다. 그런데 나라 안 그 어디를 돌아보아도, 그럴 공간이 없었다. 1894년부터 1896년까지, 1904년부터 1909년까지 의병이 나서서 전쟁을 벌였지만, 일본군을 이겨내지 못했다. 그러던 사이에 1907년 대한제국 국군조차 해산당하고 말았지 않은가. 더 이상 일본군에 맞서 싸울 군사력은 나라 안에 존재할 수도 없었고, 존립하지도 않았다. 그 어디에도 무장 군대를 기르고, 또 버텨내게 할 공간은 없었다. 마지막 선택은 곧 독립군을 길러낼 땅을 찾아 나서는 길이었다.

서울에서 신민회가 만주에 눈길을 보내고 있다는 소식이, 안동에도 들려왔다. 여기에 동참하자면, 현지 조사가 필요했다. 신민회의 조사만 믿고 나서기도 곤란하지 않은가. 그래서 안동에서도 조사원을 미리 보내 현장을 둘러보는 것은 당연하다고 생각했고, 그 일을 맡은 사람이 김동삼과 김만식이라고 전해진다. 이들은 현장에 드넓게 펼쳐진 수많은 늪과 들판을 보고, 이곳이야말로 벼농사에 알맞다는 생각을 절로 했을 것이다. 독립운동가들이 망명하자마자 벼농사에 힘을 쏟은 이유도 거기에 있었다.

2

떠나는 사람들

1) 어떤 사람이 갔나?

안동사람으로서 만주지역에 처음으로 등장하는 인물은, 이들과 다른 쪽에서 나왔다. 즉 안동군 풍서면 구담리(현 안동시 풍천면 구담)출신 김형재金衡在가 첫 인물로 보인다. 그는 처음부터 정치적인 망명길에 오른 것이 아니라, 1908년 10월 《대동공보大東共報》 통신원으로 하얼빈에 도착했다. 이듬해 1월 그곳에서 그는 항일운동 조직인 공립회共立會에 참여하면서 독립운동 대열에 참가하고, 4월 하얼빈에서 첫 한인학교인 동흥학교東興學校를 세웠다. 그리고 안중근과도 밀접한 관계를 가졌기 때문에, 거기에 엮여 옥고를 치르기도 했다. 이러한 그의 행적이 만주에서 펼쳐진 안동사람의 항일투쟁으로는 첫 사례이지만, 독립운동 기지 건설을 목표로 삼은 본격적인 기획 망명과 항일투쟁은 김대락·이상룡·김동삼 등에 의해 펼쳐진 것으로 이해하는 것이 옳겠다.

김형재(서문당)

안동문화권 사람들의 만주망명은 집단으로 이루어졌다. 남자 혼자서 떠난 길이 아니라, 한 집안, 한 마을, 혼반婚班으로 엮인 여러 문중門中이 한꺼번에, 앞서거니 뒤서거니 줄이어 옮겨간 망명길이었다. 대표적인 집안들을 보면 다음과 같다.

먼저 이를 앞장서 주장한 이상룡 집안이 있다. 그의 집안은 안동시내 법흥동과 와룡면 도곡동에 터를 잡고 살아온 고성이씨固城李氏 문중이다. 이 문중에서 만주로 망명한 사람들은 이상룡을 비롯하여, 아들 이준형李濬衡(文極·東邱), 손자 이병화李炳華, 동생 이봉희李鳳羲(啓東)와 조카 이광민李光民·이광국李光國, 큰 동생의 아들인 조카 이형국李衡國(世明)·이운형李運衡, 그리고 집안 친척인 이성목李性睦(廣初)·이성철李聲澈·이승원李承元·이승원李承源·이승화李承和·이정언李庭彦·이종기李鍾基(德淵)·이종목李鍾穆·이종표李鍾杓(文健)·이좌형李佐衡 등이 눈에 띈다. 여기에 이

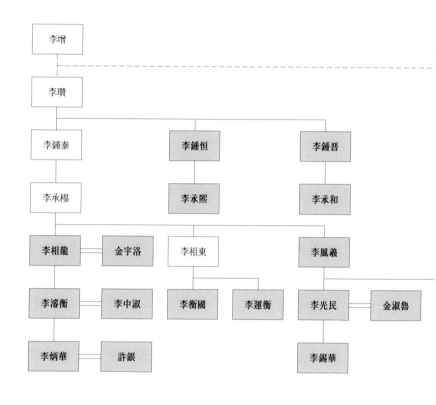

※ 이 표는 법흥동 출신을 중심으로 작성하였다.
※ 《백하일기》, 《고성이씨세보》 권3, 《안동독립운동 인물사전》을 참고하였다.
※ 참판공파는 안동 법흥동·용상동 출신으로 만주로 가거나 만주에서 태어난
  사람들을 뜻한다.

망명한 고성이씨 가계도

參判公派

李鍾禹	李元東	李承敎
李承斗	李俊燮	李承範
李榮東	李鍾嶠	李相一
李承春	李承久	李鍾基
李相準	李元羲	李承元
李衡軾	李萬燮	李承浩
李衡軫	李次燮	李承貞
李鍾極	李泰衡	李東柱
李承富	李均衡	李昌甲
李聖羲	李鍾運	李鍾健
李敏羲	李承徽	李承遠
李永羲	李鍾杓	李東漢
李承達	李承翼	李齊衡
李元羲	李承武	李佐衡
李觀衡	李相道	李承源
李萬用	李相德	
李鍾學	李相仁	
李承保	李鍾燦	

李光國

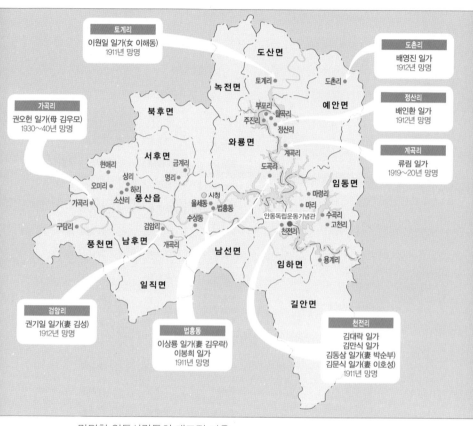

토계리
이원일 일가(女 이해동)
1911년 망명

도촌리
배영진 일가
1912년 망명

가곡리
권오헌 일가(母 김우모)
1930~40년 망명

정산리
배인환 일가
1912년 망명

계곡리
류림 일가
1919~20년 망명

검암리
권기일 일가(妻 김성)
1912년 망명

법흥동
이상룡 일가(妻 김우락)
이봉희 일가
1911년 망명

천전리
김대락 일가
김만식 일가
김동삼 일가(妻 박순부)
김문식 일가(妻 이호성)
1911년 망명

도산면
녹전면
북후면
예안면
서후면
와룡면
풍산읍
남후면
소산리
남선면
임동면
임하면
풍천면
일직면
길안면

토계리
도촌리
부포리
주진리
월곡리
정산리
계곡리
도곡리
현애리
금계리
심리
명리
오미리
하리
가곡리
시청
율세동
법흥동
마령리
마리
수곡리
고천리
수상동
안동독립운동기념관
천전리
구담리
검암리
개곡리
용계리

망명한 안동사람들의 대표적 마을

상룡의 사위 강호석姜好錫(姜南鎬) 가족들이 상주에서 출발
하여 망명길에 동참하였다. 이처럼 이들은 대부분 이상룡을
정점으로 가계도를 형성하는 인물이다. 여기에 여성과 아이

24

들까지 합하면 그 숫자는 크게 늘어난다. 당장 이상룡의 아내와 며느리도 있지 않은가. 대부분 가족들과 함께 갔으니, 그 인원수는 상당히 많다. 석주 집안만을 헤아려도 서른 가구가 넘게 망명했다니, 간단하게 셈하더라도 망명자가 150명을 족히 넘겼으리라 짐작된다.

다음으로 이상룡의 손위 큰 처남인 김대락을 정점으로 구성된 의성김씨 내앞마을 사람들이 있다. 김대락의 아들 김형식金衡植, 손자 김창로金昌魯·김정로金正魯, 조카 김규식金圭植·김만식金萬植·김문식金汶植·김화식金和植, 종질인 김문식金文植, 집안 조카 김병달金秉達·김병대金秉大·김병만金秉萬·김병목金秉睦·김병칠金秉七·김영식金英植·김녕식金寧植·김우식金宇植·김우형金宇衡·김정식金政植·김정식金正植·김홍식金洪植이 두드러진다.

같은 마을출신이자 집안 조카인 김동삼(본명 김긍식, 김종식)도 중요한 구심점이다. 그는 이미 협동학교를 통해 안동문화권에 혁신 바람을 불러들이는 데 크게 이바지한 사람이다. 그의 동생 김동만과 사촌 동생 김장식金章植, 아들 김정묵金定黙·김용묵, 김동만의 아들 김경묵이 있다. 이밖에도 내앞마을 사람들을 보면 김형팔金衡八을 비롯하여 김성로金成魯·김성로金聲魯·김응로金應魯 등이 있다.

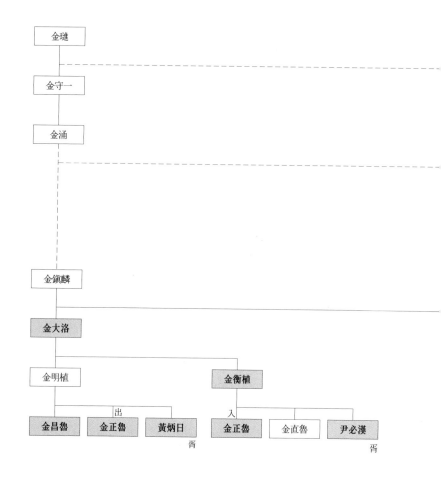

망명한 의성김씨 내앞마을 사람들 가계도①

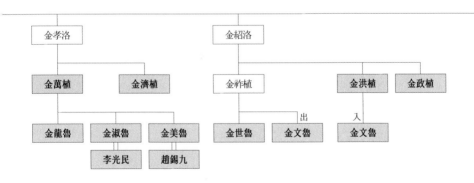

망명자

金孝洛   金紹洛

金萬植   金濟植   金祚植   金洪植   金政植

金龍魯   金淑魯   金美魯   金世魯   金文魯   金文魯

李光民   趙錫九

出   入

※ 이 가계도는 내앞마을 출신을 중심으로 작성하였다.
※ 《백하일기》, 《의성김씨대동보》 권1·2, 《안동독립운동 인물사전》을 참고로 하였다.
※ 약봉·귀봉파, 그리고 기타에 속한 인물은 만주로 간 사람들을 뜻한다.

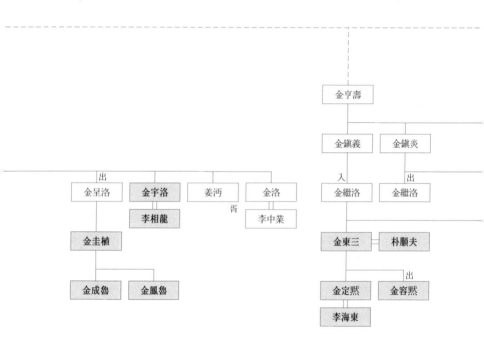

망명한 의성김씨 내앞마을 사람들 가계도②

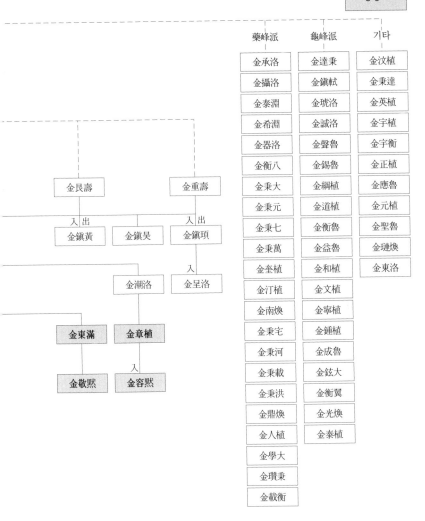

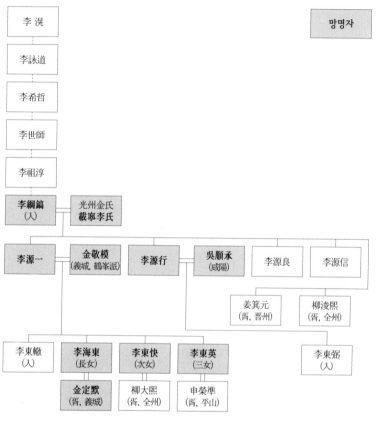

망명자

李滉

李詠道

李希哲

李世師

李祖淳

李綱鎬 (入) — 光州金氏 載寧李氏

李源一 — 金敬模 (義城, 鶴峯派)   李源行 — 吳順承 (咸陽)   李源良   李源信

姜箕元 (壻, 晉州)   柳浚熙 (壻, 全州)

李東轍 (入)   李海東 (長女)   李東快 (次女)   李東英 (三女)   李東弼 (入)

金定默 (壻, 義城)   柳大熙 (壻, 全州)   申榮準 (壻, 平山)

_망명한 이원일의 가계도

의성김씨 가운데 금계마을에서도 다수 망명하였다. 활동
이 두드러진 인물을 보면 김원식金元植·김성로金聖魯·김
연환金璉煥이 있다. 여기에 예안면 소두물〔鼎井〕마을출신 김

30

향산공원(예안면 인계리 736-1)

동락金東洛의 자취도 보인다.

진성이씨 문중에서도 여러 인물이 나타난다. 우선 김동삼과 사돈이 되는 이원일李源一은 도산면 청구동 율리출신인데, 부친 이강호李綱鎬와 모친 재령이씨를 비롯한 모든 가족을 이끌고 기획 망명을 시도한 인물이다. 이원일의 가족들은 1911년 무렵 만주로 갔다. 아내 김경모金敬模(의성김씨, 鶴峯派), 동생 이원행李源行과 제수 오순승吳順承, 여동생 두

명, 그리고 자녀들이 그 길을 따랐다. 망명시절 김동삼의 맏며느리가 되는 이해동李海東은 1905년생이니, 고향을 떠날 때는 겨우 다섯 살 남짓한 나이였다. 이강호는 이만도가 단식순절﹝自靖﹞했던 청구동 율리의 만화공대 주손이다. 종조부 이만도가 단식하던 동안 이를 뒷바라지하고, 많은 방문객들을 맞았으며, 비장한 마음으로 장례를 치른 뒤, 아들 이원일을 앞세워 가족 모두가 만주로 망명한 것이다. 이원일 일가의 망명에는 이처럼 이만도의 장렬한 자정순국이 정신적 바탕으로 깔려 있고, 그래서 가는 걸음이 더욱 장엄했을 것이다.

진성이씨眞城李氏로서 만주로 향한 인물은 그밖에도 많다. 이동하李東廈로 널리 알려진 이원식李元植을 비롯하여 이목호李穆鎬 · 이원태李源台 · 이의순李義純 · 이의정李義正(李義中) · 이기호李祁鎬 · 이원박李源博 등의 자취가 확인된다.

여기에 류인식을 비롯한 무실과 삼산에 터 잡은 전주류씨全州柳氏 집안도 참가했음은 더 말할 필요가 없다. 류연덕柳淵德 · 류택진柳宅鎭 · 류학희柳學熙 등이 그렇고, 3·1독립만세 이후 망명한 류림柳林도 있다. 류인식은 1911년 여름에 만주로 갔다. 그는 1912년 가을이나 겨울 무렵 가산을 정리하기 위해 귀국했다가 일제 경찰에 체포되었고, 그 뒤에는 국내에 남아 활동했다.

예안 홍해배씨興海裵氏로는 배승환裵昇煥·배영진裵永進·배인환裵仁煥·배재형裵在衡이 있고, 하회마을출신 류시언柳時彦과 풍천면출신 류만희柳萬熙(본명 柳永俊), 그리고 출신마을이 확실하지 않은 류세진柳世振 등도 있다. 가일마을에서는 안기성安基成, 일직에서는 황주갑黃珠甲, 남후면의 권기일權奇鎰, 오미마을의 김응섭金應燮, 시내 안기동의 조용민趙鏞珉, 서후면 지동의 김중한金重漢, 길안 용계의 김태규金泰圭도 보인다.

이렇게 한 사람씩 이름을 챙겨보아도 전체 인원을 찾아낼 길은 없다. 더구나 이들이 혼자 망명한 것이 아니라 가족과 함께 간 경우가 많다는 점을 헤아려야 한다. 아내와 아이들, 며느리와 손자로 이어지는 집안의 여인들을 생각하면, 한 사람의 남자 수에 서너 곱 정도 되는 인원을 생각해야 한다. 그러니 망명길에 오른 안동사람들은 모두 200가구 정도에 1천 명을 넘는다.

2) 함께 망명한 안동 주변 사람들

안동사람만 간 것이 아니다. 학맥과 혼맥으로 얽힌 문중들이 함께 떠난 길이다. 예를 들어 동해안을 보면, 영덕과 울진의 양반 문중이 그렇다. 영덕이나 울진이라 부르지만, 당시에는 영해와 평해 양반이었다. 영해는 영해부였고, 평해는 평해군이었다. 이것이 뒷날 일제 강점기에 들어 영덕군 영해면으로, 평해는 울진군 평해면으로 바뀐 것이다.

영덕군 축산면 도곡의 무안박씨務安朴氏 종손 박경종朴慶鍾이 망명길에 앞장섰다. 그가 바로 이상룡의 매부다. 영해에서 초기에 망명한 인물로는 박경종(박우종)·박덕민朴德敏·박기종朴基鍾·박세종朴世鍾·박재봉朴載鳳·박종근朴鍾根 등을 비롯하여 권영구權寧九·권중엽權重燁·남세혁南世赫·이유인李裕仁·이의중李義中·이종상李鍾常 등이 눈에 띈다.

평해 사동에 터를 잡은 평해황씨平海黃氏 종가 역시 길을 떠났다. 김대락의 사위이자 차종손인 황병일黃炳日을 비롯하여 황만영黃萬英이 대표적이다. 울진에서 망명한 인물로는 김영근金永根·윤병규·안덕종安德鍾·윤인보尹仁輔(윤병규 아들)·이극연李克淵·이근탁李根鐸·이만영李晩英·이만엽李萬燁·이명세李明世·이영세李暎世·이훤세李暄世·이수권李壽權(允奕)·이출이李出伊·이휘영李暉英·전봉련全鳳鍊·전응선全應善·전자문全子文·조윤구趙錫九·정동수鄭東秀(壽)·황경팔黃景八·황교영黃教英·황도영黃道英·황득

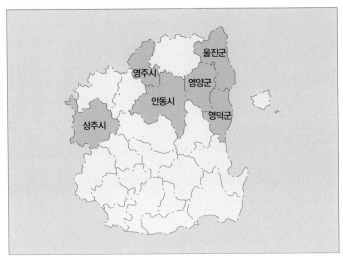

안동사람들과 함께 망명한 인물의 출신지

영黃得英 · 황만영 · 황무영黃武英 · 황병로黃炳老 · 황병문黃炳文 · 황병우炳禹(宇) · 황병일 · 황병탕黃炳湯 · 황신걸黃信杰 · 황용기黃龍起 · 황응팔 · 황의영黃義英 · 황익영黃益英 · 황호黃濩 등이다. 또 평해 직산의 경주이씨인 이규동 집안도 합류했다.

영양에서 출발한 한양조씨漢陽趙氏 일문도 눈길을 끈다. 주실마을 한양조씨 조만기趙萬基(이상룡 외종 동생) · 조맹목趙孟穆 · 조범용趙範容 · 조용희趙容熙 · 조재기趙載基 · 조중경趙重慶(조만기 아들) · 조하기趙夏基(조만기 동생)와 영양면의 오회승吳晦承이 만주로 합류했다. 상주에서는 이상룡의 사위인 강호석姜好錫(姜南鎬)과 사돈 강신종姜信宗을 비롯하여 김달金達·김사용金思容·김현재金顯宰, 영주에서 송재기宋在箕·송진격宋鎭格·송진유宋鎭裕 등의 이름이 눈에 띈다.

망명길에 오른 이들은 어떤 사람들인가? 몇 사람이 길을 나선다고 해결될 일은 아니다. 집단이 움직이지 않으면 사실상 의미 없는 일이기 때문이다. 안동을 중심으로 얽힌 문화적인 덩어리를 안동문화권이라 말한다면, 이 지역에서 만주로 망명한 사람들은 크게 두 가지 얼개로 얽혀 있었다. 하나는 학맥이고, 다른 하나는 혼맥이다.

학맥을 보면, 퇴계退溪학맥 가운데서도 정재定齋학맥을 잇는 사람들이 주류를 이룬다. 그 가운데서도 이상룡처럼 혁신유림으로 전환한 인물이 핵심이다. 협동학교와 대한협회 안동지회가 이들의 구심점이었다.

그리고 여기에 통혼권으로 얽힌 혼반이 강하게 작용하였다. 김대락과 이상룡, 이상룡과 영덕의 박경종, 김대락의 사돈인 평해의 황호, 이상룡의 사돈인 상주의 강신종 등이 그렇다. 이들의 신분은 대부분 양반이고, 퇴계학맥을 계승하여 거의 같은 학맥을 잇고 있었고, 경제생활도 비교적 넉넉하였다. 그러니 일제와 적당한 선에서 타협하고 무릎을

굽혀 산다면 국내에서 편안하게 지낼 수 있는 집안이자 인물이었다.

3) 망명자들의 경력

그렇다면 만주로 간 사람들의 신분과 경력은 어떠했을까. 모두 그런 것은 아니지만, 그 신분은 대개 양반이고, 지역을 대표하는 문중과 집안출신이었다. 또 망명을 주도한 인물들은 의병에 참가했던 전통 보수유림출신이었지만, 구국계몽운동으로 변신한 혁신유림革新儒林이 망명의 주류를 이루었다. 혁신유림을 대표하는 인물로는 앞에서 여러 차례 등장한 김대락·이상룡·류인식·김동삼을 들 수 있고, 단체로는 안동 협동학교協東學校와 대한협회 안동지회가 그러했다.

협동학교는 설립 그 자체가 혁명적이었다. 척사유림斥邪儒林 대표인 안동유림의 지향성으로 봐서는 이미 단행된 개항도 받아들이기 힘든데, 다시 개화가 추진되니 이를 반대하고 나선 것은 당연한 현실이었다. 더구나 안동유림이란 존재는 그냥 한 지역을 대표하는 것이 아니라, 퇴계학맥을 대표하는 위상이지 않은가. 1881년 신사년辛巳年 대척사大斥邪운동에서 그 대표성을 내보였고, 1894년 6월 일본군이 경복궁을 침략한 갑오변란〔甲午改革〕이 일어나자 의병을 일으켜 독립운동의 서막을 연 것도 이런 선 위에 펼쳐진 것이다. 이듬해에 이어진 을미의병에서 안동문화권의 투쟁이 발빠르게, 또 강렬하게 전개된 이유도 거기에 있었다. 철저한 척사유림의 정서와 전통이 고스란히 이어지던 퇴계학맥 권역에서 서양의 문물은 당연히 오랑캐의 것이었다. 그런데 그 껍질을 과감하게 깨고 나간 파격적이자 혁명적인 변화가 바로 협동학교 설립이다. 서양의 학문을 가르치는 중등학교를 세운다는 사실 자체만으로도 폭풍이 몰아치는 변화가 일어날 수밖에 없었다.

〈협동학교설립취지문〉은 협동학교協東學校라는 이름에 대해 이렇게 밝혔다. 나라의 지향志向은 동국東國이요, 향토의 지향은 안동安東이며, 면의 지향은 임동臨東이므로 '동東'을 택하였고, '협協'은 안동군의 동쪽에 위치한 7개 면面이 힘을 합쳐 설립한다는 뜻에서 '협동協東'이라고 붙였다는 것이다. 협동학교에는 호계서원虎溪書院의 재산과 내앞마을 의성김씨를 중심으로 얽힌 여러 문중의 재원이 동원되었다. 학교 건물은 내앞마을 의성김씨 문중서당인 가산서당可山書堂을 보수하여 사용하기로 결정했다.

그 과정은 결코 순탄하지 않았다. 혁명적인 변화라고 표

___ 협동학교 교사

현한 이유가 거기에 있다. 1904년에 처음 시도했다가 중단
된 사실도 그렇고, 1907년 문을 연 뒤에나, 1910년 이후에
도 전통의 척사유림에서 협동학교를 비난한 점도 이런 정황
을 말해준다. 하지만 의성김씨 내앞마을 종손 김병식의 판
단과 이에 힘을 보탠 김후병과 김동삼의 적극적인 노력, 새
로운 물꼬를 열어간 류인식의 기여, 한발 늦었지만 오히려
크게 힘을 실어준 김대락의 자세 변화, 이웃 무실을 비롯한

_협동학교 제1회 졸업식

전주류씨의 적극적인 참여 등으로 협동학교는 안동문화권
의 변혁에 실마리를 가져다주었다.

협동학교는 신민회의 도움을 받아, 교사들을 서울에서 모
셔왔다. 서울을 오르내리던 류인식과 김동삼 등이 신민회
와 관계를 맺고 교사진을 모셔온 것이다. 협동학교는 지방
에서는 보기 드물게, 초등학교가 아닌 중등학교였다. 이미
사서삼경四書三經을 완독하고 성장한 20대 나이의 청년유림
을 모아서 신지식을 가르치는 중등과정이었으므로, 요즘 눈
으로 보면 대학에 해당하는 최고 과정인 것이다. 졸업하면

바로 일선으로 나가 사회를 바꾸어야 하는 최고 인력을 길러내는 곳이었다. 따라서 신민회도 애국적인 인사를 교사로 보내 국권회복을 목표로 삼은 교육에 무게를 두었다. 학생들은 졸업한 뒤에 안동지역 일대에 수십 개나 되는 사립학교와 강습소를 열어 민중을 계몽하고 애국심을 불어넣으며, 국권회복운동을 떨치는 일에 주도적 세력으로 커나간 점을 볼 때, 협동학교를 신민회의 교육운동 이념과 목표를 가장 성공적으로 수행하였다고 평가해도 지나치지 않다.

만주망명자들이 고향을 떠나기 앞서 펼친 활동 조직으로 대한협회 안동지회도 있었다. 대한협회는 1907년 11월 서울에서 만들어진 정치운동과 대중계몽운동 조직이었다. 안동사람으로는 류인식이 발기인으로 참여하였다. 이듬해에 들어 대한협회 본회가 이상룡에게 지회 조직을 요청했고, 이를 받아들여 안동지회가 조직되었다. 여기에 서울에서 본회의 발기인으로 참가한 류인식은 말할 것도 없고, 지회 조직 요청을 받은 이상룡과 송기식이 앞장서서 설립 작업을 밀고 나갔다. 여기에서 안동문화권의 중요한 변화를 찾을 수 있다. 류인식은 협동학교를 추진하면서 이미 혁신유림으로 전환한 직후이지만, 이상룡은 1907년까지 의병에 자금을 대기도 하고 신돌석의진을 지원하거나 기대를 걸고 있었던 터였다. 더구나 척사유림의 성향이 강한 안동문화권의 중진인 이상룡이 정치운동과 대중계몽운동을 내걸던 대한협회의 활동 노선 위에 선다는 사실은 안동문화권의 커다란 변혁이 아닐 수 없었다.

대한협회 안동지회가 추진한 활동에서 2~3년 뒤 안동인사들이 만주로 망명한 이유를 헤아릴 수 있다. 안동문화권에서 처음으로 대중 강연회를 열었는데, 무려 2천 명이나 모였다는 이야기는 '안동판 만민공동회'였음을 짐작하게 만든다. 대한협회 안동지회는 두 가지 길을 제시하였다. 하나는 각 마을마다 향병조직에 해당하는 단련제團練制를 조직하려는 시도이고, 다른 하나는 시민사회를 지향하면서 정치훈련을 펼친다는 것이었다. 앞의 것은 무장투쟁을 위한 군사조직 결성을, 뒤의 것은 정치운동을 통한 근대사회 지향을 뜻한다.

의병항쟁이 벽에 부딪치던 단계에서 새로운 무장조직을 목표로 둔 점은 이해된다. 구체적으로 '의용병 양성'을 목표로 삼았다. 이는 이들의 목표가 무장항쟁에 있음을 말해준다. 계몽운동이 인력 양성이라거나 민족자본 육성에 목표를 두었다는 일반적인 사실과 다르게, 안동지회는 군사조직을 통한 무장항쟁을 지향했다는 점에서 다른 지역의 계몽운동과는 달랐다. 이는 곧 무장항쟁과 독립전쟁으로 나아가는 첫걸음인 셈인데, 나라가 망한 뒤 망명길에 오른 안동사람들이 목표로 삼은 독립군 기지 건설 사업의 뿌리가 여기에 있었음을 확인할 수 있다.

하지만 척사유림이 '시민사회'를 지향하고 나선 점은 사실상 혁명적인 변화가 아닐 수 없다. 창립 취지문에서 '대한국민 정당의 모임'이란 점을 선언하고 나선 사실이나, 청년 대중을 정치적으로 훈련한다고 밝힌 데서 그러한 정황을 알 수 있다. 여기에서 정치적인 운동과 지향성은 서울에서 전개되던 계몽운동과 같은 것이다. 따라서 만주로 망명한 안동사람들이 목표로 삼은 것이 무장항쟁, 독립전쟁을 펼칠 독립군을 양성하여 국내 진공작전을 펼친다는 점과 그렇게 독립하는 국가체제가 근대사회를 지향한다는 사실이다. 지금까지 우리 학계가 계몽운동을 오직 '교육과 식산殖産'으로만 이해한 것은 잘못이다. 이러한 이유는 지나치게 신민회 중심으로 보아온 탓일 것이다. 1909년에 와서 신민회가 본격적으로 방향을 돌리기 앞서 이미 대한협회 안동지회는 독립전쟁론의 틀을 만들어 갔다.

정리하자면, 만주로 망명길에 오른 안동문화권의 인물들은 협동학교와 대한협회 안동지회에 참가하다가 떠난 인물이다. 이들은 그 활동을 통해 이념과 방략을 전환하였고, 그 연장선에서 만주지역에 독립군 기지 건설을 시도하고 나선 것이다.

4) 떠날 준비

만주로 간다는 일이, 어느 하루 마음먹는다고 되지는 않는다. 너무나도 어려운 도전이기 때문이다. 망명이 얼마나 어려운지 짐작조차 힘들다. 첫째, 한두 사람도 아닌 가족이 함께 떠나는 길이었다. 자칫하면 한 가문이 없어질 위험도 있었다. 둘째, 돌아올 기약도 없이 고향을 등지고 떠나는 길이었다. 셋째, 조상 대대로 물려받은 재산을 일제의 감시를 피해 처분하는 것도 어려운 일이었다. 몰래 토지를 처분하려니 더 힘들고, 또 논밭이 한 지역에 몰려 있는 것도 아니니, 짧은 기간에 자연스럽게 처분하기도 어려운 일이었다. 넷째, 일제의 감시를 뚫고 가야 하는 어려운 길이었다. 다섯째, 과연 그곳이 망명자가 살아갈 수 있는 적당한 지역인지, 확신이 서지 않았다. 풍토병이나 식량문제 해결에 대한 확신을 갖기 힘들었을 것임에 분명하다. 여섯째, 이 사회에서 가지고 누리던 특권을 포기하는 것은 여간 힘든 일이 아니었다. 이들은 안동지역에서 말 그대로 '가진 자'요,

'누리는 계급'이었다. 기득권을 포기하기란 결코 쉬운 일은 아니다. 그래서 그들의 망명이 더 빛나는 것이다.

이처럼 어려운 길을 떠나야 하므로, 확신을 가질 만한 정보가 필요했다. 미리 현장을 둘러보고 터 잡을 만한 곳이 어딘지 조사해야 했다. 독립군 기지로 마땅한 곳을 찾는 논의는, 이미 1909년 신민회에서 시작되었다. 남만주 일대가 주된 대상지로 꼽혔고, 이동녕·이회영·이관직·주진수 등이 서간도를 답사하고 논의하였다. 그렇다고 안동유림이 그냥 만주로 갈 수 있는 것은 아니었다. 좀 더 확신이 서야만 했다. 예상하지도 못할 악조건도 많을테고, 돌아올 수 있다는 기약도 없는 길이었기 때문이다. 신민회 조사팀이 이를 확인해 주었지만, 한 번 더 사전 작업이 필요하다는 이야기가 안동에서 자연스럽게 나왔을 것이다. 여기에 나선 인물이 바로 김동삼과 같은 마을출신 김만식金萬植이다. 김만식은 김대락의 동생 김효락金孝洛의 맏아들이다.

김동삼과 김만식은 1910년 가을, 만주에 다녀왔다. 이를 추진하던 주축은 역시 협동학교와 대한협회 안동지회였다. 협동학교 교무회의는 망명할 방법과 함께 학교를 어떻게 이어갈 것인지도 협의했다. 자신의 집까지 협동학교에 내놓은 김대락과 학교를 운영하던 류인식·김동삼 등이 이 문제를 논의한 결과, 갈 사람과 남을 사람의 역할이 정해졌다. 협동학교의 뒷일을 맡을 사람은 임동면 무실의 류동태柳東泰였다. 주역들이 떠나더라도 인물을 기르는 일만은 지속되어야 했고, 그 일은 남은 사람의 몫이었다.

마침 신민회에서 안동으로 울진출신 주진수朱鎭洙를 보내왔다. 그는 울진 평해의 사동마을 황만영黃萬英과 뜻을 맞추고 안동으로 이상룡을 찾아와 독립군 기지를 만주에 건설하는 일에 동참하기를 권했다. 안동에서 이미 논의되던 일이라, 이상룡이나 안동인사들이 흔쾌하게 동의했음은 두말할 나위가 없다. 이상룡의 큰 처남 김대락은 대한협회 안동지회를 통해 척사유림에서 혁신유림으로 전환하기 시작했고, 혈연을 넘어 탄탄하게 동지로서 결속이 이루어지고 있었다. 그런 바탕 위에 김동삼과 김만식이 만주를 다녀왔으니, 이제 동참 인원은 늘었고 떠나는 일만 남은 셈이다.

망명길에 선발로 나선 사람은 김형식金衡植과 이원일李源一이었다. 김형식은 김대락의 둘째 아들이자 만주망명과 개척에 앞장선 인물이고, 이원일은 도산면 토계출신으로 협동학교를 다녔으니, 김동삼에게는 제자이기도 하고, 투철한 동지이기도 했다. 더구나 이원일의 처가는 바로 내앞마을 의성김씨이니, 김동삼과는 서로 인척이기도 했다. 만주망

___백하구려(김대락 · 김형식의 집)

명시절에 두 사람은 다시 사돈을 맺게 된다. 이들 선발대는
먼저 가서 가족들이 도착할 때 중간 중간 머물 집이라도 마
련해야 했다. 그 추운 엄동설한에 만주벌 아무 곳에서나 멈
추고 밤을 지새울 수는 없었던 터였다.

　떠나기 전에 정리할 것이 많았다. 바깥의 일도 그렇고 집
안일도 마찬가지였다. 이상룡의 움직임을 보자. 그는 강제
병합 소식을 듣자마자 중추원에 글을 보내 송병준 · 이용구
의 목을 베라고 요구하였다. 그리고서 고향으로 돌아와 만
한지도滿韓地圖를 보면서 갈 길을 가늠하기 시작했다. 그러
다가 그해 11월 황만영과 주진수가 찾아와 양기탁 · 이동녕

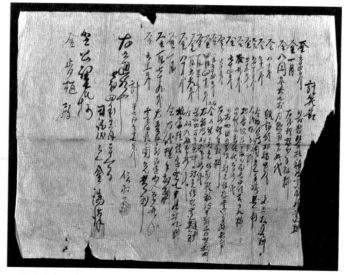

토지거래등기 수수료 내역; 김동삼이 망명한 뒤 고향의 토지를 판매하고서 소유권 이전 등기수수료를 적은 계산서(기념관 소장, 김영조 기탁)

의 뜻과 만주망명 계획을 들으면서 선뜻 동참을 약속했다. 이보다 앞서 이미 만주망명을 준비하던 터라 망설일 이유가 없었다. 김대락과도 논의하고, 매부인 영덕 축산의 무안박 씨 종손 박경종도 여기에 참가하기로 약속했다. 이제 급한 일은 집안 정리였다. 제사비용으로 논 몇 천 평, 남아 있을 어머니의 생활비로 밭 몇 천 평, 문중에서 어려운 일이 닥칠 때 쓰라고 진휼금으로 몇 백 냥을 남기고서, 노비문서를 모두 불태워 없앴다. 그런 뒤에 도동서숙 학생들에게 "정신을 보존하고 학업에 힘쓰라."고 당부하였다.

5) 떠나는 발걸음, 힘든 여정

안동을 출발한 망명객들의 행로를 따라가 보자. 김대락은 1910년 12월 24일 고향을 떠나 한 주일 남짓 걸려 추풍령역에 이르렀다. 김천역에 갔더니 감시가 심해 기차를 타기도 힘들자, 발길을 추풍령역으로 옮겼다. 나누어 떠난 가족들 가운데는 어린 아이도 있고, 만삭이 된 새댁도 있었다. 손녀와 손부가 모두 해산解産을 코앞에 두고 있었으니, 움직이는 것만으로도 고통스러운 일이었다. 아녀자들은 수레를 타고, 남자들은 걸었다. 평소 단련된 몸도 아니었으니, 추위 속에 겪은 그 고생이야말로 견디기 힘든 것이었다. 기차로 서울에 도착하여 잠시 머물던 김대락은 1911년 1월 6일 남대문역(지금의 서울역)을 떠나 의주 백마역에 이르렀다. 신의주에서 얼어붙은 압록강을 걸어서 건너 만주 안동(지금의 단동丹東)에 이르고, 1월 15일 회인현懷仁縣 항도촌恒道村(지금의 횡도천橫道川)에 도착했다. 며칠 뒤 이상룡이 항도촌에 도착했을 때, 김대락의 도움을 받았다는 곳이 바로 이곳이다. 김대락은 한겨울을 넘겨 4월 19일 삼원포에 도착하고, 이도구二道溝에 거주지를 마련하였다.

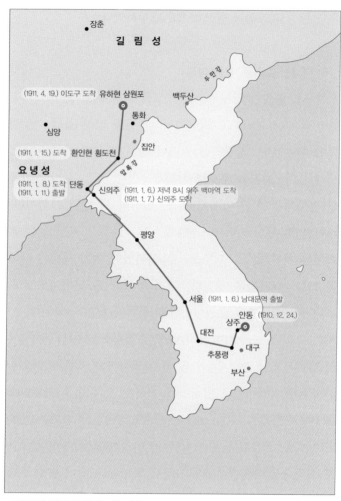

장춘

길 림 성

두만강

(1911. 4. 19.) 이도구 도착 유하현 삼원포

백두산

통화

심양

집안

(1911. 1. 15.) 도착 환인현 횡도천

요 녕 성

압록강

(1911. 1. 8.) 도착 단동
(1911. 1. 11.) 출발

신의주 (1911. 1. 6.) 저녁 8시 위주 백마역 도착
(1911. 1. 7.) 신의주 도착

평양

서울 (1911. 1. 6.) 남대문역 출발

안동 (1910. 12. 24.)

상주

대전

대구

추풍령

부산

김대락 일가의 만주 가는 길

바로 뒤를 이어 이상룡이 안동을 떠났다. 1911년 1월 6일 길을 나선 그는 김대락과 마찬가지로 추풍령역까지 걸어가서 열차로 서울에 이르고, 다시 뒤에 합류한 가족들과 기차로 신의주로 가서 1월 27일 압록강을 건넜다. 동후면 도곡동에 자리 잡은 고성이씨 30여 가구도 뒤를 따랐다. 그의 동생 봉희鳳羲를 비롯하여, 아들 준형濬衡, 손자 병화炳華(大用), 조카 문형文衡(光民) 등이 대표적인 인물이다.

이상룡이 남긴〈서사록西徙錄〉을 보면, 그는 1월 4일 떠나기 앞서 그 심정을 '거국음去國吟'이란 글로 적었다. 이튿날 사당에 절하고 동생 봉희와 당숙과 논의하여 집안일을 처리할 내용과 당부하는 이야기를 남겼다. 그리고 저녁 무렵에 와룡 도곡마을을 출발하면서 도동서숙 학생들과 작별하고, 고암점庫巖店을 거쳐, 평리에 이르러 안동시내 법흥마을에 사는 고성이씨 일족을 불러 마지막 연회를 가졌다. 6일 안동읍성 동문 밖에서 송기식과 이별하고 안동을 떠난 그는 두솔원兜率院, 하회(7일), 삼가三街(9일), 봉대鳳臺(상주 인봉, 10일)를 거쳐 11일 추풍령에 이르렀고, 12일 새벽 2시에 기차를 타고 그날 아침 서울에 도착하여 제중원濟衆院에서 묵었다. 도중에 상주에서 사돈인 강신종姜信宗 형제를 만나고, 사위 강남호와 영양 주실마을에서 온 조재기趙載基와

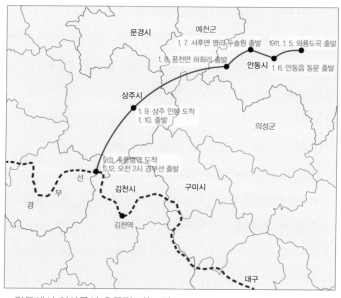

__ 안동에서 이상룡이 추풍령 가는 길

합류하였다. 또 이곳에서 서울에서 돌아오던 김만식金萬植
(金亨一)과 조카 이문형李文衡이 서울에서 주진수가 붙잡혔
다는 소식을 알려주었다. 이들의 만남은 이상룡이 걸어간
그 길이 바로 당시 안동과 서울을 잇는 주요 통로였음을 말
해준다.

　이상룡은 서울에서 양기탁을 만나고《왕양명실기王陽明實
記》를 보았다. 15일 울진 평해에서 황도영黃道英이 가족을

이끌고 서울에 도착했다. 18일에는 가족들이 20일 안동에서 출발한다는 회신을 받았다. 19일 이상룡은 경의선으로 서울을 출발하여 신의주로 갔다. 그곳에서 돈을 바꾸고, 만주와 한국 지도를 구입하여 나아갈 길을 재어 보았다. 24일 내앞마을 일행이 도착했다는 소식을 들었다. 이튿날 밤에 아내 김우락과 아들 준형, 손자 병화 등 가족, 그리고 동생 이봉희 부자와 신의주에서 합류하였다. 듣자니 자신이 안동을 출발한 뒤에, 아들 준형이 경찰서에 잡혀갔다가 풀려났단다. 27일 일행은 발거跋車를 타고 얼어붙은 압록강을 건넜다. 29일 말 세 마리가 끄는 마차 두 대를 마련하고, 서너 사람씩 타고서 길을 나섰다. 가는 길에 벌써 갖가지 어려움을 만났다. 우선 너무 추우니 수레 안에 담요를 깔고 이불을 둘러야 했다. 추위가 조금 풀리면 수레바퀴가 물이나 진흙탕에 빠져 곤욕을 치렀다. 또 음식이 맞지 않아 힘들었다. 도중에 먹을 곳도 드물지만, 객점에서 사먹는 음식은 밀가루로 싼 고량병高粱餅이라는 떡이거나 조로 만든 만두가 대부분인 데다가, 싱거워 먹기가 어려웠다. 아이들은 입에 맞지 않아 음식을 먹지 못하다가 병이 생겼다. 단동을 출발한 지 8째째 되는 1월 7일 항도촌에 도착했다. 집 떠난 지 한 달 남짓 지난 때였다.

__ 항도촌

　최종 목적지는 유하현 삼원포이지만, 그 도중에 잠시 머물
곳이 이곳 항도촌이었다. 뒤따라올 가족들이나 친지를 기다
려 합류할 곳이다. 큰 처남 김대락이 며칠 먼저 와서 머물고
있었다. 본래 곧장 유하현으로 갈 계획이었지만, 혹독한 추
위에다가 산모들이 이동하기 어려워 한겨울을 넘기고 떠나
는 것으로 계획을 바꾼 것이다. 실제로 그곳에서 김대락의
증손자와 외증손자가 태어났다. 험난한 망명길에 두 집안의
종손이 태어난 것이니, 고난 속에 맞는 기쁨이었다. 또 그곳
에는 학교를 열고 많은 이들이 한겨울을 넘기고 있었다. 이
상룡이 도착하자 큰 처남의 아들 김형식을 비롯하여 황도

영·이명세가 마중 나왔다. 두 달 가량 지나서는 여동생과 매부 박우종朴禹鍾(朴慶鍾)의 가족이 도착했다. 그는 영덕 축산면에 터를 잡은 무안박씨 종손이다. 도곡 집안의 이종기·이종표·이승원 등도 속속 도착하고, 외사촌인 영양 주실마을의 조만기

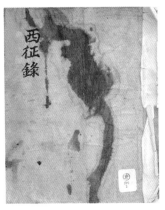

《백하일기》

가족 13명과 예안 부포마을 이원기 가족도 합류하였다.

이제 다시 유하현으로 가야 했다. 그곳에서 만나기로 미리 신민회 팀과 약속했었으니 말이다. 1월 14일 이상룡의 아들 이준형이 땅과 집을 마련하기 위해 앞서 출발했다. 처조카 김형식과 영양 주실마을출신 조재기가 함께 나섰다. 그러나 21일 아들과 처조카 형식이 가다가 돌아왔다. 갖가지 유언비어가 이들의 길을 막아선 때문이다. 25일 김형식이 다시 유하현으로 출발했다.

항도촌에서 보내는 첫 겨울에 일행은 이미 진이 빠졌다. 들려오는 소식들이 대부분 근심을 키웠다. 조카 문형(이광민)이 와서 청국 순검이 변발하고 호복을 입으라고 요구한

다는 소식을 듣고서 가슴이 답답해졌다. 비록 모든 어려움을 극복하겠다며 나선 길이지만, 어찌 변발하고 만주족의 옷을 입는단 말인가. 또 한인들이 서간도에 와서 독립국을 세운다는 이유로 일본 관리가 관련자 40여 명을 잡아갔다는 이야기가 《청국신보》에 보도됐다는 소식에 고개를 떨궜다. 어려움이 겹치고 겹치자, 이상룡은 "당초 간도에 들어올 때의 목표는 유하현인데, 김형식 군이 한 번 다녀간 뒤로 소식이 없어 집 식구들을 머물게 할 곳을 아직 정하지 못하고 있다. 몸에 지닌 약간의 자산도 거의 다 써버렸고, 젊은 축들은 가볍게 움직인 것을 후회하여 희망이 없다는 말을 하는 데 이르렀다."고 쓰면서, 그래도 젊은이들을 다독이며 격려하였다.

항도촌에 잠시 머물면서 이상룡은 역사책과 사상서를 읽었다. 숙신·부여·고구려·신라·발해사를 비롯한 고대사를 비판적으로 읽었고, 이는 뒷날 《대동역사》를 펴내는 데 도움이 되었다. 뿐만 아니라 그의 독서는 토마스 홉스와 스피노자의 학설로 이어졌다.

3

독립운동 첫 기지,
경학사와 신흥강습소

1) 동포사회 터전 만들기

안동사람들이 발걸음을 멈추고 정착한 곳은, 남만주 유하현柳河縣 삼원포三源浦, 대고산大孤山 자락과 그 언저리였다. 추가가鄒家街와 이도구二道溝라는 마을이 그렇고, 삼원포에서 남쪽으로 십 리 떨어진 만리구萬里溝나 남산南山도 그런 곳에 속한다. 김동삼의 맏며느리 이해동은 삼원포를 삼합포라고 기억했다. 물줄기 셋이 하나로 합쳐지는 곳이라는 말이다. 광개토대왕비가 있는 집안에서 북으로 오녀산성이 있는 산맥을 넘어 통화에 이르고, 삼원포가 있는 유하를 거쳐 다시 북상하면 길림으로 향한다. 안동사람들은 더욱이 통화와 유하에 발을 붙였다.

망명에 앞장선 안동사람들은 자신만의 망명에 머물지 않

___삼원포

았다. 동포들이 모여야 동포사회가 만들어지고, 그래야 독
립군을 길러낼 수 있기 때문이다. 그래서 그들은 동포들에
게 이주를 권고하는 운동을 펼쳤다. 김대락과 이상룡의 일
기에 보면, 안동문화권의 인사들이 가족을 이끌고 속속 항
도천으로 집결했다거나, 뒷날 유하현 삼원포에 도착한 사실
은 이를 말해준다. 더 뒷날 1934년에 조선총독부 경북경찰
부(지금의 경북지방경찰청)가 출판한 《고등경찰요사高等警察要
史》에는 김형식·김정식·이봉희·이준형·김규식 등 십
여 명의 치열한 활동이 경북 북부지역에서 많은 동포로 하
여금 만주지역으로 이주하는 원인이 되었고, 그 결과 1911

년에 2천 5백여 명을 이주시켰다고 기록하고, 또 1920년대 말에 들어서는 이 지역 이주 동포가 2만 5천 명이나 되었다고 적혀있다. 이 정도이면, 그들의 노력과 정성이 얼마나 대단하였는지를 쉽게 알 수 있다.

만주에 뿌리를 내린다는 일은 모질게 고통스러운 것이었다. 세 가지 죽을 고통을 이겨내지 않으면 안 된다고들 하는데, 얼어 죽는 것, 굶어 죽는 것, 병들어 죽는 것을 말한다. 독립군을 길러내는 것은 그 뒤의 일이다. 추위를 말하려면 표현하기도 힘들다. 얼마나 혹독했으면, 김동삼의 만며느리 이해동은 "우리가 몸에 입은 홑 가지 몇 겹으로는 도저히 그런 추위를 막아낼 수 없었다. 아래윗니가 연방 방아질을 하였고, 손발은 얼어서 제 감각을 잃었다. …… 여북하면 조모께서는 '고놈의 날씨, 왜놈보다 더 독하다' 했겠는가."라고 쓸 정도였다. 너무나 추운 나머지 아랫니와 윗니가 부딪치는 소리가 정신을 잃게 만들었다는 말이다. 그토록 엄청난 추위를 시원찮은 옷으로 버텨내던 삶이었다.

두 번째로 굶어 죽지 않으려면 식량을 마련하는 일에 몸을 던져야 했다. 안동사람들은 망명하자마자 처음으로 벼농사를 시도했다. 망명하기 전에 선발대가 살펴본 결과, 만주에 늪지가 많아서 벼농사를 짓기에 알맞을 것이라고 예상했다. 하지만 실제로 농사를 지어보니 물이 너무 차가워 씨앗이 제대로 싹을 틔우지 못했고, 더구나 수해가 닥쳐 참혹한 흉년을 피할 수 없었다. 그 뒤로는 종자를 바꾸고 모심는 시기를 늦추거나, 메밀농사에 힘을 기울이고 했다. 게다가 석유와 소금이 귀해서 밤에는 전나무 뿌리를 캐서 여기에 불을 붙여 등잔불로 대신했고, 옥수수 한 짐과 소금 한 줌을 바꿀 정도였다.

세 번째, 풍토병(수토병) 또한 무서운 것이었다. 노약자는 말할 것도 없거니와, 젊은 사람까지도 풍토병으로 죽어 나가는 일이 허다하게 생겨났다. 예를 들자면 만주로 망명한 뒤 얼마 지나지 않은 1914년 이원일의 동생이 스물두 살 젊은 나이에 풍토병으로 죽었다. 이원일 가족은 삼원포 남쪽 만리구에 살았는데, 남동생을 잃은 이듬해에 십대 소녀인 두 여동생마저 차례로 죽었다. 1년 사이에 삼남매가 사라졌으니, 이원일의 노부모는 참담하기 이를 데 없었다. 만주로 가자던 아들이 얼마나 원망스러웠을까.

여기에 도적 문제는 심각성을 더해 주었다. 도적들이 짓밟고 다니는 바람에 독립군 기지 건설과 투쟁의 터전인 동포 사회가 심각한 고통을 받았다. 마음 놓고 잠들 수도 없었다. 언제 어디에서 들이닥쳐 행패를 부릴지 알 수 없었기 때문

이다. 만행을 당하는 데 남녀노소가 없고, 더구나 부녀자들
이 지키고 있는 집은 그저 짓밟히는 대상일 뿐, 아무런 저항
조차 할 수 없는 공간이었다. 봉천군벌이 약해지면서 이런
도적의 주류는 마적으로 바뀌고, 정규군조차 약탈에 앞장서
게 되어 안전한 공간을 찾기 힘들었다. 만주에 독립군 기지
를 건설하는 일은 이러한 고통을 견디고 이겨내야만 가능했
다. 고난을 이겨낸 그 터전 위에 독립전쟁으로 나아갈 수 있
는 조직체들이 형성될 수 있었던 것이다.

2) 독립운동의 첫 교두보, 경학사

독립운동의 첫걸음은 경학사耕學社와 신흥강습소新興講習
所였다. 경학사를 조직한 장소는 흔히 삼원포 대고산이라
부르지만, 〈경학사취지서〉에는 그곳을 은양보恩養堡라 적었
다. 경학사는 동포사회를 만드는 독립군 기지의 기초 조직
이요, 신흥강습소는 장차 독립군 인력을 길러낼 교육기관이
었다. 남만주에서 독립운동을 펼쳐나갈 전초기지가 만들어
진 것이다.

경학사는 동포사회를 형성하고 운영해 나갈 자치조직이
자, 망명해 오는 동포들에게 정주할 여건을 만들어 주는 단
체였다. 밖으로는 만주족을 비롯한 중국인들과 충돌을 피하

면서 정착할 수 있도록 협의해야 하고, 안으로는 뒤를 이어 망명하거나 이주하는 한인들을 위해 집과 땅을 교섭하는 일을 맡아야 했다. 그런데 만주사람들이 가로막고 나서 어렵게 되었다. 한인들이 옮겨오면 일본군이 따라 들어온다는 이유 때문이다. 더구나 서간도에서는 북간도와 달리 한인들이 토지를 마음대로 구입할 수가 없었다. 따라서 농사지을 땅도 빌려야 했다. 이런저런 많은 일들이 이들 앞에 가로놓여 있었다. 경학사는 망명 첫해 예상도 못한 갖가지 난관에 부딪쳤고, 이를 풀어나가야 했다.

또 경학사가 해야 할 중요한 과제는 중간 교통로를 확보하는 것이었다. 말할 것도 없이 중간 중간에 연락책이 있어서 새로 망명하는 사람들을 릴레이 형식으로 인도하고 있었지만, 그것보다 고정적인 연결점으로 여관을 만들어 두는 것이 편리했다. 그래서 안동(단동)·회인·통화 등에 여관을 설치하여 동포들의 이주 통로를 확보하였다.

경학사를 만들고 움직인 핵심에는 안동사람들의 활동이 두드러졌다. 경학사의 초대 사장으로 뽑힌 인물이 바로 이상룡이다. 그밖에도 류인식이 교육부장, 김동삼이 조직과 선전을 맡았다. 원로인 김대락도 힘을 보탰고, 이상룡의 동생 이봉희를 비롯하여 이원일·김형식·이형국 등도 애를 썼다. 서울에서 온 이회영이 내무부장, 이동녕이 재무부장, 장유순이 농무부장을 맡았다. 그러니 신민회의 독립군 기지 건설에 안동출신 인사들이 핵심적인 위치에 있었다고 말하는 것은 지나치지 않다.

사장이 된 이상룡은 〈경학사취지서〉를 지어 발표하였다. 한국의 오랜 역사를 이야기하면서, 나라를 잃는 과정에서 제대로 대처하지 못한 아쉬움을 토로하고, 나라가 망할 때 자결하지 않은 이유도 새로운 길을 찾는 데 있다는 뜻을 말하였다. 또 이집트와 월남의 비극을 말하는 한편으로, 네덜란드가 스페인으로부터 독립한 역사를 들어 희망을 말하면서, 조상의 땅인 만주에서 힘을 길러 독립을 쟁취할 때까지 뭉쳐 나아가자고 호소하였다. 그리고 경학사라는 이름으로 출발하는 다짐과 한 걸음씩 차분하게 나아갈 것을 권했다.

영웅이 수수방관袖手傍觀하는 것은 상제上帝께서 꾸짖는 바이니, 산하山河를 향하여 슬프게 노래하면서 탄식하기도 하고 울먹이기도 하였고, 장강長江에 임하여 맹서하면서 맑아지지 않으면 돌아오지 않으리라 하기도 했었다. 언어가 다르니 동족同族이면서도 또한 우리에게 너그럽지 못하고, 사정을 자세히 알리기 어려우니 동병同病이면서도 서로 가련해 하지 않는다. 희망을 양식으로 삼아 스스로 먹지 못하는 음식을 배불리 먹고, 곤란을 초석으로 삼아 집 아닌 집을 지었다. 그리하여 마침내 남만주 은양보悶養堡에서 여러 사람의 열렬한 마음을 모아 하나의 단체를 조직하고, '경학사耕學社'라고 이름지었다. 인명을 보호하고 살리려는 것만이 아니고, 민지民智를 개발하려는 차원이다. 공상工商이 비록 다르지만 모두 실업계實業界에 속한다. 체덕體德을 겸비하는 것은 절로 교육부서의 과조科條에 들어 있다. 갈 길이 멀고 더디다고 근심하지 말지니, 걸음이 쌓이면 만 리를 갈 수 있다. 규모가 엉성하다고 탄식하지 말지니, 한 삼태기도 쌓이면 태산이 될 수 있다.

그러나 첫해에 흉년으로 꺾이게 되자, 망명객들의 삶은 볼품이 없게 되었다. 풍토병으로 아이들이 갑자기 숨지고, 하루하루 먹는 문제조차 해결하기 힘들게 되면서 그 모습은 상거지 꼴로 변해 갔다. 고향으로 사람을 보내 남은 땅을 급하게 팔아 자금을 마련해 왔다. 그런 고통을 견뎌내면서 차츰 안정을 찾아가고, 그 소식에 동포들이 하나둘 모여들기 시작했다. 독립운동을 목적으로 삼고 떠난 지사들이야 그렇다 하더라도, 가족들의 고난은 이루 말로 표현하기 힘들 지경이었다. 안동출신을 비롯하여 독립운동을 목표로 삼은 망명객들은 대개 양반출신이어서, 가족들은 국내에서 힘든 생활을 보낸 경우가 적었다. 그러다가 남편과 어른을 따라 나선 가족들의 고난은 너무나 심각하였다. 풍토병으로 목숨을 잃는 가정이 늘어갔다. 그런 난리와 고난 속에서도 독립군 기지를 건설하겠다는 망명지사들의 꿈은 수그러들지 않았다.

경학사는 1913년에 문을 닫은 것으로 보인다. 이상룡의 기록에 그때까지만 등장한다. 바로 이어서 나타나는 조직으로 광업사廣業社가 있다. 이것은 논을 개간하여 동포사회의 농업을 발전시키는 데 목적을 두었다.

3) 신흥강습소에서 신흥무관학교로

신흥강습소는 삼원포에 도착하자마자 문을 연 학교다. 삼원포에 도착하기 앞서 잠시 한겨울을 넘기려고 머물던 항도촌에서도 학교를 열었던 그들이니, 약속의 땅에 도착해서 서둘러 학교를 여는 것은 당연한 일이 아닌가. 농부가 씨앗을 뿌리는 것과 마찬가지로, 독립군을 기르자면 학교부터 세우는 것이 마땅한 순서다. 그래서 문을 연 것이 신흥강습소였다. 뒷날 신흥무관학교로 알려지게 되는 그 학교다. 신흥학교·신흥중학교로도 알려지는데, 실제 바깥으로 무관학교라는 이름을 사용할 수는 없었기 때문이다. 무관학교라거나 사관학교라는 소문이 퍼지면 중국 봉천성 당국이 직접 학교를 뒤지는 형편인지라, 그런 태를 낼 수는 없었던 것이다. 하지만 동포사회에서는 이를 무관학교로 여겼다.

이상룡이 쓴 〈만주기사滿洲紀事〉라는 글에는 경학사와 '신흥숙新興塾'을 노래하면서, 다음처럼 '군사학술 교련청년'이란 설명을 덧붙였으니, 신흥강습소·신흥학교가 무엇을 지향한 것인지 확연히 알 수 있다.

추가가에서 결사하니 충심은 굳고	鄒街結社衷心堅
밭 갈고 배우는 일 취지 모두 완전했다	耕學雙方趣旨全
모든 정신 신흥학교에 쏟아 부어	精神盡注新興塾
양성한 군사 비호보다 날랜 오륙백	養得犹猻過半千

○ 신해년 여름, 경학사를 결성하고 신흥강습소를 열어 군사·학술 과목으로 청년들을 교련하였다. 辛亥夏 結耕學社 設新興講習所 以軍師學術 敎鍊靑年

이러한 이야기는 다른 기록에도 보인다. 이회영의 아내 이은숙은 회고록에 '무관학교'라고 적었고, 졸업생 원병상

은 자신을 무관학교 본과 3기생으로 기록했다. 또 양기탁은
안창호에게 보낸 서신에서 '병학교兵學校'라 적었다. 이를
보면 학교 이름이 혼용되더라도 이것이 곧 독립군을 양성하
는 군관학교였음을 쉽게 알 수 있다. "칼춤 추고 말을 달려
몸을 단련코/ 새로운 지식 높은 인격 정신을 길러"라는 노
랫말도 이 학교의 성격을 말해준다.

신흥강습소는 1912년 음력 6월 7일 통화현通化縣 합니하
哈泥河에 토지를 구입하고 학생을 받아들였다. 그 뒤 고산자
孤山子에 토지를 구입하여 학교를 신축하고 분교를 두기도
했다. 초대 교장을 이상룡이 맡았고, 여준·이광·이세영
등이 그 뒤를 이어갔다. 교관은 대한제국 무관학교출신들과
신흥강습소 졸업생들이 맡았다. 이것이 신흥중학교·신흥
무관학교로 발전하여 독립군을 양성하였고, 청산리·봉오
동승첩을 세우는 기초가 되었던 것이다.

안동출신들은 신흥강습소 설립과 운영에 힘을 쏟았다. 김
대락은 원로로서 젊은이를 격려하며 힘을 보탰고, 배재형은
교관으로 활약했다. 이상룡의 동생 이봉희를 비롯하여, 김
규식·이승화·권기일도 마찬가지였다. 이 학교를 졸업한
인물 가운데 안동사람들이 얼마나 되는지 확실하게 알 길은
없지만, 전해지는 인물만으로도 김성로金成魯(김규식 아들)·

_신흥무관학교 터(위 합니하, 아래 고산자)

김성로金聲魯 · 이광민李光民 · 이형국李衡國 · 이덕숙李德淑 · 이목호李穆鎬(예안) · 김사순金社淳 · 권중봉權重鳳(權重哲) · 김중한金重漢(풍산) · 김태규金泰圭 등이 있다.

안동사람들은 신흥무관학교의 교재 편찬에도 이바지하였다. 1913년 이상룡은 만주지역 독립운동계만이 아니라, 옮겨온 동포들의 정신을 강화하고자 《대동역사大東歷史》를 편찬했다. 망명길에 나섰다가 한겨울을 넘기던 항도촌에서 그는 고대사를 섭렵하였는데, 앞서부터 가지고 있던 역사관에다가 새로 읽은 책들을 샅샅이 검토하면서 우리나라 역사를 서술한 것이다. 이 책이 신흥무관학교의 교재로 사용된 것으로 전해진다. 중국인들의 압박을 견디면서 독립운동의 근거지를 마련하기 위해서는 무엇보다도 '기氣'를 살려야 했다. 이상룡이 이 책을 편찬한 이유가 거기에 있었다.

동포들은 만주라는 공간에 터를 잡으면서 중국인으로부터 위축되고 있었다. 이를 이겨내는 방법으로 만주가 우리 영역임을 확인시켜 주는 것이라 생각한 이상룡은 한편으로 독립운동을 직접 지도하면서, 다른 한편으로는 민족정신과 주인정신을 동포들에게 심어주고자 1913년 《대동역사大東歷史》 초고를 작성하였다. 그는 고대사 분야 연구와 집필에 힘을 기울였고, 만주가 조선의 뿌리 되는 땅이요, 고구려와 발해를 민족의 정통으로 여기는 역사체계를 만들었다. 종래의 영토설이 잘못되었다는 생각을 가진 이상룡은 만주가 기록된 중국 역사서를 분석하고 고증하면서, 한사군의 위치를 반도의 서북부가 아니라 만주라고 밝히고, 기자조선은 성리학적 정치이념으로 역사를 기록하는 과정에서 빚어진 사

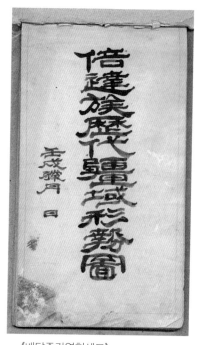

《배달족강역형세도》

대적인 성향 때문에 나온 것이라고 비판하였다. 또 서간도를 비롯한 남북만주지역이 고대 한韓민족 발달사의 지리적 중심이라고 말하면서, 단군-부여의 정통이 고구려-발해로 이어졌다는 견해를 제시하여, 우리 고대사의 재구성이 필요하다고 주장한 것이다. 이러한 그의 저술은 류인식이 《대동사大東史》를 저술한 것과 정신이 거의 비슷했다. 그들의 역사인식은 역사가 바로서야 민족이 다시 설 수 있다고 본 것, 발해를 우리 역사 범주에 포함시킨 것, 민족의 기원을 단군에서 찾은 것, 우리 영역에 대한 인식을 만주지역으로 확대한 것 등으로 요약할 수 있다.

신흥무관학교의 교재를 저술한 또 한 사람은 도산면 상계, 즉 퇴계종가에서 태어난 이원태李源台이다. 그는 역사지리 교재 《배달족강역형세도倍達族彊域形勢圖》를 집필하였다. 이 책은 한민족사의 형세를 모두 44장의 지도와 '비고'라고 덧붙인 글로 설명한 것이다. 전체 내용의 75퍼센트가 만주지역에 관한 부분인데, 그곳에서 활약했던 민족들을 한민족 계통으로 파악하였다. 이것은 학생들로 하여금 만주 역시 한민족의 역사임을 강조하여 독립운동의 정신적 이념을 제공하고자 한 것이다.

1910년대 초 서간도에서 활약한 이동하李東廈(白農, 李元植)의 활동도 빠트릴 수 없다. 서울 계산학교 교사와 대구 협성학교 교감을 지내고, 예안의 보문의숙 설립에 참가했던 그는 1911년 김동삼과 더불어 만주로 망명했다. 환인현에서 동창학교東昌學校 교장을 맡았는데, 이곳은 대종교 제3대 교주 윤세복이 그의 동생 윤세용과 세운 것이다. 그는 또 신빈현에 흥경학교를 세워 민족교육에 몰두했다.

4

옷도 바꾸고 머리도 깎고

국적 문제가 시급한 과제로 떠올랐다. 거주 자유를 인정받지 않고서는 독립군 기지는커녕 매일 살아갈 권리도 확보할 수 없기 때문이다. 서둘러 이회영과 이봉희가 봉천성으로 파견되었다. 일단 한인의 거주만이라도 공식적으로 허락받아야 했다. 이들의 노력은 이회영 부친 이유승李裕承과 원세개袁世凱의 인연까지 소급되어 해결의 실마리를 찾았다. 그러나 중국인으로 입적하는 문제는 법 제도상 그리 쉬운 일은 아니었다. 1년을 살아야 임시거주증이라도 받을 수 있고, 10년을 살아야 중국국적을 받을 수 있었다. 당장 어찌할 수는 없지만, 그래도 이들의 노력으로 망명하거나 이주하는 한인들에 대한 핍박만이라도 일단 줄일 수 있었던 것은 큰 수확이 아닐 수 없었다.

이런 과정에서 망명지사들은 스스로 머리를 깎고 옷을 바꾸어 입었다. 이상룡도 비로소 상투를 자르고 중국옷을 입었다. 이상룡이란 이름도 이곳에서 바꾸어 쓴 것이다. 어찌 회한이 없었으랴. 그러나 목적을 달성하는 날까지 임시변통을 피할 수 없는 일이 아닌가. 신흥강습소에 다니던 손자가 머리를 깎고 중국옷을 입은 모습에 가슴을 쓰러내리던 김대락의 심정도 이해할 만하다.

1913년에 이상룡은 유하현 국민회장을 대신하여 중국 국회에 〈중화민국국회제의서中華民國國會提議書〉를 써 보냈다. 여기에는 한인들이 민적을 취득하고 재산을 보호받을 수 있게 해달라는 것과, 황무지 개간을 허용하고 학교 교육과 자치를 허락하라는 요구를 담았다. 또 거기에는 "재지才智있는 자를 선발하여 국회에 참여할 권리를 동등하게 누리게 해달라."는 주문까지 담았다.

또 이상룡은 유하현 지사에게 민적에 편입시켜 달라고 청하는 글을 보내면서, 이주해 온 한인들을 네 가지로 분류해 소개하였다. 일본인의 학대를 피해 목숨을 연명할 목적인 자, 빈곤하여 황무지 개간을 목적한 자, 조국 멸망에 분기하여 원수와 더불어 살지 않으려 맹서한 자, 사대事大 전통의 의리를 지켜 중국에 귀의할 목적을 가진 자 등이 그것이다. 이를 말하면서 그는 한인들이 중국에 크게 해가 되는 사람들이 아니므로, 민적에 편입시켜 주기를 거듭 요구하였다. 비록 머리를 깎고 복장을 바꿈으로 중화제도를 지켜 임시증명서인 잠준집조暫準執照를 받았으나 중국에 소요사태가 생겨 부조部照를 청하지 못하고 있다고 말하고, 현에서 발급한 현조縣照를 받은 지 4년이 지나도록 부조를 받지 못하는 사정을 말했다. 그러면서 현조조차 받지 못한 자도 있어 명단을 제출하였지만, 1년이 지나도 발부되지 않아 어려움을 많이 겪고 있다고 털어놓기도 했다. 이러한 사실은 동포사회가 겪는 현실적인 문제였고, 이들이 헤쳐 나가야 할 과제였다.

이상룡은 길림총독에게도 글을 보내 이주 동포들을 도와 달라고 요구하였다. 1917년에 보낸 그의 글은 중국과 한국의 지리·역사적 관계, 한국이 멸망한 원인, 망명한 한교韓僑의 정황과 중국의 대우를 기록하고, 미국과 러시아로 간 동포들이 그곳에 터를 잡고 사는 현상과 달리 중국에서는 어려움에 직면하고 있다고 하소연했다. 그러면서 그는 민적 편입, 황무지 개간, 자치, 공교孔敎 설립, 무예를 익히는 것을 허가해 달라고 요구하였다. 무예 교육을 허가해 달라는 말은 민적문제와 황무지 개간을 넘어, 군사학교를 공인받으려는 의도까지 담은 것이다.

이상룡은 만주에 자리를 잡아가는 동포들에게 살아갈 길을 제시하고자, 〈경고남만주교거동포문敬告南滿洲僑居同胞文〉을 발표하였다. 신문 보도에 따르면, 봉천성에 거주하는 한인 동포가 28만 6천 명을 넘는다고 전제하고, 단군의 유허遺墟이자 고구려 옛 강역에 터 잡은 한인들이 지켜야 할 중요한 일이 첫째 산업, 둘째 교육, 셋째 권리라고 강조하였다. 그는 이렇게 썼다.

당장 편안하다고 하여 뜻을 이루었다고 여기지 말고, 생리生利가 조금이라도 편할 만한 널찍한 구역을 하나 점한 뒤, 각자 마음에 맞는 사람들을 끌어들여 군거群居하는 촌락을 만들어야 할 것입니다. 그리고 우리들에게 적합한 정도의 규약을 정하여 공동으로 준수해 나간다면, 자연히 마음이 서로 통하고 뜻이 서로 맞아서 마침내 완전한 법적 단체를 이룰 수 있을 것입니다. 단체가 한 번 이루어지면 능력이 절로 생겨나고, 산업·교육이 장애가 없이 발전하여 장래의 행복이 차례로 손에 들어오게 될 것입니다.

이상룡은 일정 구역에 모여 집단을 형성한 뒤, 규약을 정해 완전한 법적 단체를 조직하라고 요구한 것이다. 그렇게 되면 단체의 능력이 생겨나 산업과 교육의 발전이 이루어지게 될 것이라는 말이다. 그런 바탕 위에 나라를 되찾을 수 있는 힘이 생기리니, 그 길을 제시한 것이다.

5

백서농장과 부민단

　백서농장白西農庄 건설은 1914년 가을부터 시작되었다. 여기에는 두 가지 사실이 배경으로 작용하였다. 하나는 이 해에 터진 제1차 세계대전이었다. 자칫하면 중일전쟁이 일어날지도 모른다는 예상이 나왔다. 그럴 경우 빨리 군대조직을 만들어야 했다. 이상설이 연해주에서 '대한광복군정부'를 수립했던 것이나, 중국 본토지역에서 신한혁명당이 조직된 이유도 거기에 있었다. 또 다른 하나는 신흥강습소와 신흥학교를 거치면서 길러진 신흥학우단을 군사조직으로 개편해야 한다는 필요성이다. 더구나 이들에게는 자급자족해야 하는 눈앞에 닥친 과제가 있었다. 정상적인 국가의 군대라면 국민의 세금으로 운영되겠지만, 이들은 스스로 농사지어 먹을 것을 구해야 하는 처지였다. 신흥무관학교는 독립운동가들이 나라 안팎으로부터 지원을 받고 힘을 보

__백서농장의 위치

태 운영됐지만, 상설 부대를 운영할 만큼 재원이 충분하지는 않았다. 따라서 졸업생들을 정규군에 가까울 정도로 훈련을 시키면서 부대도 유지해 나가자면, 이들 스스로 먹고 입는 것을 마련해야만 했다. 더구나 비밀도 유지되어야 했다. 중국인들조차 그 존재를 모르도록 외진 곳을 골라야 했다. 그곳이 바로 백서농장이 자리를 잡은 곳이다.

김동삼은 신흥학교 졸업생을 이끌고 산속으로 들어갔다. 그리고 반년이 지난 1915년 봄에 군영을 완성시켰다. 소북차에서 벌목을 시작하여 온갖 힘을 다 기울여 수천 명의 병력을 수용할 수 있는 군영을 완성시킨 것이다. 신흥무관학교 졸업생 원병상은 〈백서농장사〉라는 글에서 제1회에서 제4회의 졸업생과 각 분교, 지교, 노동강습소에서 온 385명

_백서농장으로 가는 다리

의 훈련된 청년들이 백서농장의 주축이 되었다고 알려준다. 다만 밖으로는 그저 단순한 농장으로 보여야 하니, 이에 따른 이름이 백서농장白西農庄(農莊)이다. 이를 군영이라고 부르지 않고 농장 또는 유장酉庄이라 부른 것은 신흥학교와 마찬가지로 지방당국의 감시와 간섭을 면하기 위한 조치였다. 흥경현공서興京縣公署 문서에 '백운산장白云山莊', '백설산장白雪山莊'이라고 적혀 있는 점으로 보아, 중국 지방관리들은 그 존재를 산장으로 알고 있었음을 말해준다.

　위치는 명확하지 않아 세 군데가 지목되고 있다. 소백채구小白菜溝, 통화현 제8구의 팔리초八里哨 5관하管下에 있는

__백서농장 옛날 사진

소백차小白岔, 그리고 유하현 대전자향大甸子鄕 팔리초 임장
林場마을 등이다. 이 가운데 통화현 팔리초의 소백차가 맞
을 가능성이 커 보인다. 백두산 서쪽 깊은 산록의 사방 200
리에 사람의 자취가 없는 고원평야에 만들어진 독립군 부대
백서농장은 교통이 아주 불편한 곳이다. 가까운 삼계산 정
상에서 맑은 날에는 멀리 백두산이 보일 정도의 거리이고,
주변은 확 트인 고원평야이다. 그곳에 집을 짓고, 농사를
지으면서 군대를 운영하였다.

　백서농장을 보여주는 사진이 한 장 남아있다. 너무나 희
미하여 제대로 알아보기 힘들지만, 왼쪽 뒤편으로 집 몇 채

가 흐리게 드러난다. 그 앞으로 넓은 밭에 대원들이 밭을 갈고 있고, 말을 탄 인물도 보인다. 사진 중간 앞쪽에는 한 사람이 익살스럽게 팔베개하고 누워 사진을 찍었다. 너무나 흐려서 마치 꿈속에서 보는 그림만 같다.

이 조직을 이끈 최고 지도자 장주莊主가 김동삼이다. 그 밖에도 제3중대 3부관을 맡은 김동진金東振도 안동출신으로 알려졌고, 같은 부관 가운데 이수철은 영해, 규율대의 김진화는 울진 평해사람이다.

장주庄主	김동삼		
훈독訓督	양규열梁圭烈(梁在薰)		
총무總務	김정제金定濟	의감醫監	김환金煥
경리經理	김자순金子淳	수품需品	곽문郭文
외무外務	정선백鄭善伯	농감農監	채찬蔡燦(白狂雲)
교관教官	허식許湜(許英伯)·김영윤金永胤·김동식金東植·강보형康保衡		
교도대장	이근호李根浩		
1 중대장	안상목安相睦		
부관	이종옥李鍾玉		
2 중대장	박상훈朴相勳		

3중대장	김경달金敬達
부관	차용육車用陸·이수철李壽喆·김동진金東振
규율대장	신용관辛容寬·김일화金日化·김진화金進華

그런데 백서농장을 오래 이끌지 못하게 만든 장애물이 있었다. 가장 가혹한 장애는 바로 영양실조와 질병이었다. 비밀리에 존립해야 하는 군영이라서 농사가 쉬운 지역이 아닌 산간벽지에 터를 잡은 것인데, 그러다보니 환경은 병력을 기르기는커녕 생존 자체가 위협받을 정도였다. 물과 흙이 체질에 맞지 않아 열병이 유행하고, 위병·심장병·천식·폐병 등 여러 가지 질병이 발생하는 바람에 이것을 먼저 이겨내야 했다. 김동삼의 며느리 이해동은 풍토병으로 숙부 이원행과 고모 두 사람이 목숨을 잃었다면서, 열혈 청년이던 숙부가 변을 당하지 않았다면 독립운동에도 적극 참가했을 것이라고 아쉬움을 기록할 정도였다. 이원행이 죽은 때가 1914년이고, 그 이듬해에 두 여동생이 연달아 죽는 비극이 이어졌다. 게다가 농사로 거두어들인 곡식마저 넉넉하지 않아 젊은 독립군들이 영양실조에 빠진 형편이었다. 그래서 1919년 한족회韓族會는 백서농장의 문을 닫기로 결정하고, 3·1독립만세 직후에 병력을 동포사회 가까이로 이동시켜

백서농장 전시 모형(안동독립운동기념관)

새로운 편제, 서로군정서를 구성하면서 여기에 편입시켰다.
그들이 이듬해인 1920년 봉오동 · 청산리전투에서 승첩을
거두게 된다.

　백서농장과 비슷한 조직으로 길남장吉南庄 혹은 길남사吉
南社라는 것도 있었다. 이름은 길림 남쪽에 있는 농장이란
말이지만, 실제로는 백서농장처럼 자급자족하는 둔전 형태
의 병영이었다. 연무장으로 삼았다는 말이 전해지는 것도
이 때문이다. 길남장은 이상룡이 1918년 봄 화전樺甸에 설
치한 병영兵營이다. 이상룡은 스무 살 넘는 장정壯丁들을 모
아 농병農兵을 만들어, 반나절은 농사짓게 하고, 반나절은

군사 훈련을 시켰다. 백서농장이 산속 고립된 지역에 만들어진 대규모 병영이라면, 길남장은 비교적 쉽게 드나들 수 있는 지역에 소규모로 만들어진 것이었다. 뒷날 1924년 4월 7일 밤부터 이튿날까지 하얼빈 전체를 울리는 영웅적인 전투를 벌인 김만수金萬秀가 바로 이 무렵 길남장 병사출신이었다. 그는 안동 풍산읍 오미동출신인데, 1913년에 망명했다가 여기에 참가한 것이다.

1916년에 새로운 자치단체 부민단扶民團이 조직되었다. 제1차 세계대전을 지켜보면서 한편으로는 중일전쟁을 기대하면서, 다른 한편으로는 어려운 동포사회를 굳건하게 엮어나가려고 만든 것이다. 이름에서도 동포들을 끌어안고 서로 기대면서 버티자는 다짐이 드러난다. 기록에는 초대 단장으로 이상룡·허혁許爀·김동삼이 등장한다. 허혁은 허겸許蒹·허환許煥, 혹은 허노許魯라는 이름을 사용하였는데, 의병장 허위의 둘째형이며, 안동에 이웃한 진보(현 청송군 진보면)에서 의병장으로 활동했던 인물이다. 부민단에는 남만주에 터를 잡은 안동사람들이 거의 모두 참가하였다. 김형식과 김동만을 비롯한 내앞마을 사람이나 이상룡의 문중 인물들이나 가릴 것 없이 대부분 그랬다. 예를 들자면 남후면 대곡마을출신 권기일은 부민단의 정치외교위원이었다.

1950년에 아들이 남긴 기록에는 권기일이 국내로부터 전달되던 자금을 받으러 통화현으로 갔다가, 일제에게 붙들려 석 달 동안 갇혀 지내다 탈출한 이야기가 담겨있다. 탈출 날짜가 1918년 3월 29일이라 적은 것을 보면, 아들의 기억이라기보다는 권기일의 아내가 남긴 기억이라 여겨진다.

이상룡은 동포들의 실업實業활동을 활발하게 만들어 경제적 자립을 도모하려는 목적으로 해룡현海龍縣에 자신계自新稧라는 조직을 만들었다. 더구나 그 속에 신성호新成號라는 회사까지 만들었다. 그가 쓴 〈자신계취지서〉는 그 목적을 알려준다. 우승열패의 시대적 풍조를 맞아 스스로 새로워져야 살아남는다는 전제 아래, 새로워지는 데에는 자율과 타율 두 가지 길이 있는데, 타율로 가면 자유를 잃게 된다면서, 오로지 나아갈 길은 스스로 새로워지는 것임을 주장하였다. 이것도 동포사회가 실업에 힘써 뿌리를 내리는 데 한마음으로 뭉쳐야 한다는 점을 강조한 것이다. 하지만 이러한 노력은 일제의 경계망에 포착되고, 방해공작으로 무너지게 되었다. 이상룡은 〈만주기사〉에서 이렇게 썼다.

자신계 안에 주식회사 신성호를 두었다. 자못 발전해 나아갈 희망이 있었는데, 한 번 왜놈들의 위협을 당하면서 모두 물거품으로 돌아갔다.

自新稧內 置株式新成號 頗希進展 一經敵劫 盡歸水泡

신성호라는 조직은 저축하는 축재소蓄財所로 주식회사 형태를 띤 것 같다. 이상룡은 회사가 왜놈의 위협 한 번에 모든 노력이 물거품이 되고 말아 안타깝다고 적었다. 1919년 신성호는 화전현으로 옮겨졌다.

1910년대 후반에 시사연구회가 조직되기도 했다. 제1차 세계대전을 지켜보면서, 독립전쟁을 향한 전략을 마련하는 데 그 목표가 있었다. 부민단 대표로 김동삼·이탁李鐸, 신흥학교에서 김창환金昌煥·성준용成駿用, 신흥학우단에서 허식許湜·김석金石 등이 참가했다. 나라 안팎 여러 곳의 정보를 효과적으로 수집하고 검토하고자 지역별로 책임자를 정했다. 김동삼이 맡은 지역은 강원도와 경상도였다. 지역별로 정리된 정보를 바탕으로 삼아 알맞은 항일방략을 세우고 부민단이 이를 운용할 수 있도록 반영해 나갔다. 시사연구회 활동은 부민단 자체를 발전적으로 개편하는 계기가 되었다.

제1차 세계대전이 마무리되던 무렵, 국내에서 많은 동포들이 옮겨왔고, 이들을 끌어들여 독립군 기지를 확장하고 독립군을 길러내는 작업에 속도를 낼 수 있게 되었다. 따라서 새로운 변화에 맞는 조직으로 탈바꿈하는 작업이 필요했다. 거기에 맞추어 나간 작업이 바로 1919년 3월 한족회라는 자치정부에 버금가는 단체의 탄생이다.

6

독립군 기지를 지원하자

독립군 기지가 제대로 뿌리를 내리는 과정에서 고난은 헤아릴 수 없을 정도였다. 죽을 각오로 버텼지만, 이를 이겨내지 못하고 숨져간 인물들이 많았던 것이다. 1910년대 독립운동의 화두는 결국 이 독립군 기지 건설이 성공하느냐 마느냐는 것이었다. 이런 사정을 꿰뚫어 보고 독립군 기지 지원에 나선 대표적인 인물로 울산출신이자 경주에서 성장한 박상진朴尙鎭이 있다. 1913년 경북 풍기에서 의병출신들이 비밀리에 조직한 광복단과 1915년 정월 대보름에 대구에서 계몽운동 계열 인물들이 조직한 조선국권회복단朝鮮國權恢復團의 일부 인사가 통합을 도모한 것이 바로 광복회였다.

박상진이 만주지역 독립운동 기지를 둘러본 뒤에 내린 결론은 독립전쟁론이다. 이를 진행하기 위해 무엇보다 먼저 만주에 든든한 독립군 기지를 건설하고, 그 다음에 육성된

__박상진

독립군으로 국내 진공작전을 벌인다는 것이다. 이에 필요한 경비를 마련해야 하는데, 상덕태상회라거나 대동상점 등을 열어 자금을 마련하고 국외로 보내는 방법을 택했다. 자금 동원이 쉽지 않자 친일부호에게 강제로 자금을 받아내는 방안도 채택하였다. 그러자면 총포를 다루어 본 경험을 가진 의병 가운데서도 투쟁의지가 강한 인물이 필요했다. 박상진이 풍기를 방문한 이유나, 행동지침으로 비밀 · 폭동 · 암살 · 명령의 4대 강령을 채택한 이유가 여기에 있었다.

광복회는 경상도를 넘어 충청도까지 조직이 커져 갔다. 만주로 가는 중간 중간에 상점과 여관을 세워 연결망을 갖

도산 토계

이동흠李棟欽
박상진의 은신장소

이동흠

안동지역 광복회 인물들

풍천 가곡

권준희權準羲
권준흥權準興
권영식權寧植

권준희 　　권영식

와룡 중가구

안승국安承國

와룡 도곡

이종영李鍾韺
장승원 처단 논의장소
광복회와 서간도의
연락거점

임하 천전

김후병金厚秉

강정만姜正萬
권의식權義植
권재점權宰点
권중식權重植
우상돈禹相敦
임봉주林鳳柱
조재화趙載和
탁기창卓基昌

광복회에 참가한 안동사람들

추었다. 더욱이 만주지역으로 조직을 확대하여 곳곳에 거점을 확보하고 김좌진金佐鎭을 부사령으로 파견하기도 했다.

여기에 참가한 안동사람으로는 이종영李鍾韺의 자취가 대표적이다. 그는 이상룡의 집안이 모여 살던 고성이씨 마을인 도곡마을출신인데, 자기 집을 광복회의 안동지역 비밀거점으로 제공했다. 그는 광복회의 주요인물인 채기중蔡基中과 친일부호 처단문제를 협의하였는데, 더욱이 칠곡의 장승원張承遠 처단에 중요한 구실을 맡았다. 1917년 음력 7월부터 9월 사이에 계획이 추진되었는데, 그 본부가 바로 이종영의 집이었던 것이다. 거사에 동원된 권총을 숨겨둔 곳도 그렇고, 처단조가 연락하거나 만나고, 거사를 도모하기 위해 출발하고, 마친 뒤 모여 해산한 곳도 그의 집이었다. 또 와룡면 중가구에 사는 안승국에게 자금을 요청한 인물도 바로 이종영이다. 이 사실은 만주에서 독립군 기지를 이끌던 이상룡과 국내 광복회를 잇는 주요 연결점이 도곡마을이자, 그의 집이었던 셈이다. 이종영은 이로 말미암아 검거되고 고문으로 건강을 잃어 병보석으로 출감했다가 1926년 순국한 것으로 알려진다.

이밖에도 광복회에 가입하여 활약한 안동의 인사로는 고문을 맡은 권준희權準羲를 비롯하여 김진성金振聲·권의식權

義植·권재점權宰点·권준흥權準興·류시만柳時萬·박상훈朴相勳·우상돈禹相敦·채태성蔡泰成·정송산鄭松山·탁기창卓基昌 등의 활동이 있었다. 또 이만도李晚燾의 손자요, 이중업李中業의 맏아들인 이동흠李棟欽이 광복회 이름으로 자금을 모집하던 일도 있었다. 이들의 활동은 모두 만주에 세워지고 있던 독립군 기지를 튼튼하게 세우고 유지하는 데 힘을 보탠 것이다.

독립군 기지를 지원하는 노력은 3·1독립만세 이후에도 추진되었다. 일제는 그 연결선을 차단하려고 삼엄하게 감시하였지만, 이를 따돌리면서 만주지역에 자금을 공급하는 노력은 지속되었다. 1920년 무렵에 '조선독립후원의용단'이라는 이름으로 알려진 조직이 드러나는데, 이는 바로 한족회와 서로군정서에 자금을 공급하던 국내 조직이다. 뒤에 다시 보겠지만, 여기에서도 안동사람들이 결정적인 일을 맡았다.

7

독립을 선언하고,
대한민국 건국에 참여하다

   1919년 나라 안팎에서 독립을 선언하고 나섰다. 1918년 11월 독일이 항복함에 따라 제1차 세계대전이 끝나고, 프랑스 파리에서 전쟁을 마무리 짓는 강화회의가 열리게 되었다. 거기에 대표를 보내 한국문제를 다룰 수 있을지, 독립의 기회가 될지 저울질하는 과정에서 그 계기가 만들어졌다. 미국 대통령 윌슨이 밝힌 민족자결주의를 한국문제에 적용해 보자는 것이 속셈이었다. 상해와 블라디보스토크, 워싱턴 등에서 활동하던 독립운동가들이 부지런하게 움직였다.

   상해지역 독립운동가들은 파리에 보낼 대표로 김규식을 지목하고, 지원할 방법을 찾았다. 강화회의에서 한국문제를 다루게 하려면, 민족자결주의라는 원칙에 맞춰 온 국민이 독립을 원한다는 분명한 선언이 필요했다. 김규식이 파리에 한국대표로 가더라도 강화회의가 한국문제를 다룰 리 없었다. 국제적으로 홍보력이 훨씬 강한 일제가 한국문제를 상정할 이유가 없다고 선전하고 있었던 터였고, 더구나 패전국의 식민지에 적용할 원칙도 아니지만, 최선을 다해보자는 것이 독립운동가들의 뜻이었다.

독립선언은 도쿄 한인 유학생들이 2월 8일 시작하였다. 그 다음으로 3월 1일 서울과 평양 등 국내 주요도시에서 일어난 독립선언은 5월 말까지 한국인들이 있던 세계 모든 곳에서 독립만세 형태로 진행되었다. 이를 3·1독립만세라 일컫지만, 가장 중요한 사실은 한민족이 세계열강에게 '독립을 선언'한 사실이다. 안동에서도 당연히 독립을 선언했고, 만주에서도 마찬가지였다. 더구나 독립군 기지를 건설하려고 만주로 망명한 안동사람들이야말로 이 운동을 외면할 리가 없었다.

가장 눈길을 모으는 것은 길림에서 발표된 〈대한독립선언서大韓獨立宣言書〉이다. 이 선언서가 나온 시기는 대개 3·1독립만세 소식이 막 전해지던 3월 11일로 짐작된다. 선언서 끝에는 그냥 '2월'로만 적혀 있는데, 그곳에서 활동하던 정원택鄭元澤이 남긴 《지산외유일지志山外遊日誌》에 따르면, 이 선언서는 3월 11일(음 2.10.)에 인쇄되어 발송했다고 적혀있기 때문이다. 이 선언서가 3·1독립만세 직후에 나왔다는 사실은 정원택의 기록에서 거듭 확인된다. 조소앙이 선언서를 기초하여 완성하고, 자신이 인쇄와 발송을 맡았다고 하면서, 그 직후에 상해에서 국내 3·1독립만세 소식을 전하는 전보가 도착했다고 적었다.

이 선언서는 서울에서 발표된 것과는 다르게 이름부터 〈대한독립선언서〉였다. '대한大韓'이라는 국가 이름을 내세우면서 독립을 선언한 것이다. 이것을 작성한 주체는 대한독립의군부大韓獨立義軍府였다. 이는 세계대전이 끝난 것과 파리에 대표가 파견된다는 소식을 전해 듣고서 만들어진 독립운동 조직으로, 여준이 총재로 활동하였다. 대한독립의군부가 조직된 날이 3월 1일인데, 김규식 대표 파견과 도쿄에서 일어난 2·8독립선언 소식을 들으면서 새로운 돌파구를 찾아가던 과정에서 만들어진 조직이었다. 다만 그날 국내에서 일어나기 시작한 독립만세 소식은 듣지 못한 채 결성되었다. 그래도 나라 안팎을 오가는 움직임 자체는 비밀리에 알려졌을 가능성이 크다.

이 선언서는 1917년 〈대동단결선언〉과 비슷한 내용을 담았다. 정원택의 기록에 따르면, 이것 또한 조소앙이 기초한 것이기도 하고, 당시 독립운동계의 논리였기 때문에 비슷할

〈대한독립선언서〉

수밖에 없다. 한국이 완전한 자주독립국이고 민주자립국임을 선언하고, '한일합병'은 일본이 한국을 사기와 강박, 그리고 무력 등 갖은 수단을 동원하여 강제로 병합한 것이므로 무효라고 주장하였다. 또 경술국치는 일본에게 대한제국을 넘겨준 것이 아니라 융희황제가 주권을 포기하면서 그것을 국민에게 넘겨준 것이라 해석하였다. 또 이 선언은 일본을 '응징할 적'으로 규정하고, '섬은 섬으로 돌아가고, 반도는 반도로 돌아오게 할 것'을 요구하였다. 그러면서 독립군의 총궐기와 한민족 전체의 육탄혈전을 촉구하고 나섰다.

가나다順

金教獻　金奎植　金東三　金躍淵　金佐鎭　金學萬　鄭在寬　趙鏞殷

呂準　柳東說　李光　李大爲　李東寧　李東輝　李範允　李奉雨

李相龍　李世永　李承晩　李始榮　李鍾偉　李沰　文昌範　朴性泰

朴容萬　朴殷植　朴贊翊　孫一民　申檉　申采浩　安定根　安昌浩

任哳　尹世復　曹煜　崔鍝學　韓興　許爀　黃尚奎

〈대한독립선언서〉 서명자

항일 독립전쟁은 바로 하늘의 뜻이자 대동大東 평화를 실현하기 위한 신성하고도 정의로운 전쟁임을 천명했다. 이러한 논지는 2월 8일 도쿄에서 선언된 내용과 비슷했다.

이 선언서 본문 끝에는 발표 주체인 39명 대표자 이름이 적혀 있다. 그 이름을 보면 국내에서 발표된 선언서와는 확연하게 다르다. 나라 안에서 발표된 독립선언이 국내 합법적인 공간에서 활동하던 종교인이 대표가 된 것이라면, 나라 밖에서 선언된 대표자는 실제로 독립운동을 이끌어 가고 있던 최고 지도자로 구성되었다. 김교헌 · 김규식 · 김동삼 · 김약연 · 김좌진으로 시작하여 조소앙 · 여준 · 이동녕 · 이동휘 · 이범윤 · 이상룡 · 이승만 · 이시영 · 박용만 · 박은식 · 신규식 · 신채호 · 안창호 · 조성환 · 허혁 등으로 이어졌다. 모두가 한결같이 독립운동을 끌고 가던 최고급 지도자들이다. 여기에 안동사람으로 김동삼과 이상룡의 이름이 들어 있다. 1919년 무렵 한국 독립운동계를 이끌던 최고 지도자 대열에 이 두 사람의 위상이 우뚝한 사실을 알 수 있다.

안동사람들이 망명해 있던 서간도에서도 독립을 선언하는 독립만세가 일어난 것은 당연하다. 3월 12일 유하현 삼원포에서 독립만세가 일어난 것이다. 어디 그곳뿐이었으랴. 이웃 통화현이나 이상룡이 북상하여 터를 잡은 북쪽 화전현樺

旬縣에서도 마찬가지였다. 안동사람들이 집중 거주하던 서간
도에서는 4월 초순까지 펼쳐졌다. 따라서 만주지역 독립운
동계는 흥분 속에 새로운 길을 찾았다. 한편 흔히 3·13독
립만세라 일컬어지는 북간도 용정의 만세운동은 이보다 하
루 뒤인 3월 13일에 일어난 것이다.

이때 이상룡도 독립의 기회가 왔다고 판단하였다. 그는
조정규趙貞奎에게 보낸 편지에서, "파리 강화회의에서 자국
의 운명을 스스로 결정하도록 한 자결주의가 특히 허락되
었습니다."라면서 "우리 대한 문제가 현하現下 열강의 묵인
가운데 들어 있으니, 우리 민족이 이때에 우리의 기력을 맹
렬히 가한다면 일제의 굴레를 벗고 하늘의 해를 다시 보게
될 것입니다."라고 기대를 보였다.

3·1독립만세가 확산되던 단계에 어려운 일도 생겼다.
일제가 중국관서에 신흥무관학교가 군대를 양성하는 위험
한 교육기관이라고 주장하며 폐교를 요구한 것이다. 그러
자 이상룡은 급히 유하현 지사에게 글을 보내 "유언비어에
넘어가지 마시라."는 글을 보냈다. 일본의 유언비어를 좇아
중국관서가 신흥학교를 조사하기 시작하는 바람에 불편해
진 것이 하나둘이 아니었다. 한인들의 소학교가 수십 개소
가 넘어 매년 졸업생을 백여 명씩 배출하는데, 이를 수용하

기 위한 중등교육이 필요하고, 이를 해결하기 위해 학교를 운영해 왔다고 설명하면서, 신흥학교는 이미 선통宣統 연간에 추가가에서 설립하고, 2년 뒤 통화현 합니하로 옮긴 뒤, 올 봄에 위치가 적절하지 않다는 이유로 제3구 고산자로 이전했다고 밝혔다. 여기에 체조 한 과목은 세계 만국의 소학당·중학당과 통용되는 것이요, 교내 물품과 서류는 경찰에서 이미 조사하고, 구區의 관원이 직접 검사하여 아무런 문제도 없는데, 그럼에도 이를 해산하려는 것은 잘못된 조치라고 조목조목 설명하였다. 일제가 신흥무관학교의 존재와 성격을 명확히 판단하고 이를 없애려고 든 것이다. 이러한 자세는 이듬해 일본군과 중국군이 합동수색대를 편성하여 신흥무관학교를 급습하고 관계자를 참살하는 이유가 되기도 했다.

한 가지 눈길을 끄는 장면은 이상룡이 국상國喪에 임하는 복제服制에 대해 의견을 내놓은 것이다. 그는 광무황제 고종의 국상에 검정 삼베를 왼쪽 팔뚝에 두르는 것은 옳지 못하다면서, 차라리 흰 깁을 사용하는 것이 옳다고 권장하였다. 일본식이 밀려들던 시절에 전통을 지켜나가는 방안을 제시한 것이다.

3·1독립만세는 전체 독립운동계에 대단한 충격을 주었

___삼원포 3 · 1독립만세 그림(안동독립운동기념관)

다. 긴장과 흥분에 가득 찬 독립운동가들은 새로운 변화에
맞설 조직체를 만들어 가기 시작했다. 거기에는 '준정부'
성격을 가진 조직도 곳곳에서 나타났다. 이미 1917년 〈대
동단결선언〉에서 공화정체의 정부조직을 만들자고 제안한
상태였다. 독립국가를 건설하고 이를 이끌어 갈 정부를 만

드는 것이야말로 당연한 다음 순서였다. 마침 국내에서 발표된 독립선언서가 '조선은 독립국임과 조선인은 자주민임'을 첫 머리에 들고 나왔으므로, 국가와 정부 수립은 모든 지역에서 관심을 갖고 추진되는 과제가 되었다. 마침 상해에서 국가와 정부를 세운다는 소식이 전해졌다. 나라 안팎에서 상해로 향한 인물이 줄을 이었다. 그 가운데 안동사람도 당연히 들어있었다.

3·1독립선언 직후 상해로 향한 독립운동가들의 발걸음이 빨라졌다. 거기에 김동삼·김응섭과 같은 안동인물들이 있었다. 직접 건국과 정부 수립에 참여한 인물도 있고, 정부가 제대로 활동할 수 있도록 지원을 맡고 나선 사람도 있다. 김동삼은 서간도를 대표하여 상해로 갔고, 김응섭은 국내에서 그곳으로 이동하였다.

상해에서는 여운형이 중심이 되어 독립임시사무소를 열었다. 김규식이 2월 1일 상해를 떠나 파리로 향한 뒤, 나라 안팎으로 독립선언을 요구하는 밀사들을 보냈던 상해지역 인사들은 국내에서 들려오는 독립선언 소식에 흥분을 감출 수 없었다. 1910년대에 터를 잡고 활동하던 동제사同濟社와 신한청년당 인사들이 건물을 빌려 연락 업무를 맡았다.

마침내 4월 10일 대표자 회의가 열리고 이튿날 아침 10

시까지 이어졌다. 그 자리에서 '대한민국大韓民國'이란 이름을 붙인 국가가 세워지고, 제헌헌법인 '대한민국 임시헌장'이 채택되었다. 대한민국을 세우되, 국토를 회복할 때까지 이를 운영해 나갈 조직으로 '임시정부'라는 정부조직과 '임시의정원'이라는 의회조직을 결정하였다. 이 자리에 참석한 29명 가운데 김동삼이 들어있고, 망명 직후에 함께 서간도에서 활약했던 이회영·이시영 형제도 있었다. 또 4월 22일과 23일에는 제2회 의회가 69명 의원이 참석한 가운데 열렸는데, 여기에 김동삼과 더불어 김응섭이 참석하였다. 풍산 오미마을출신인 김응섭은 변호사 경력에 따라 법무차장에 이어 법무위원으로 뽑혔다. 그 뒤로는 김동삼과 김응섭 이름이 임시정부에 등장하지 않는데, 김동삼은 활동 근거지인 서간도로 곧 돌아갔고, 김응섭도 그해 여름 만주로 이동한 것 같다.

8

서간도에 세운
민정부民政府와 군정부軍政府

1) 민정부 한족회

제1차 세계대전이 끝날 때 독립의 기회를 잡으려 했지만, 결과는 그렇지 못했다. 패전하기만 바라던 일제는 오히려 승전국이 되었다. 기다리던 독립의 기회는 오지 않았지만, 그렇다고 포기할 수도 없었다. 마침 터져 나온 독립선언은 활동의 방향을 새롭게 찾는 계기가 되었다.

새로운 조직이 필요한 시점이었다. 10년 가까이 터를 닦아온 독립운동 기지, 키우고 길러온 독립군들이 터 잡고 있던 그곳에, 3·1독립만세의 기운을 입고 새로운 인물들이 몰려들기 시작하였다. 이에 힘입어 독립운동가들은 정부조직을 준비하고 나섰다. 동포사회의 안정적인 유지와 독립군 조직의 발전을 이끌어 갈 기구를 만드는 길이었다. 한족회韓族會와 서로군정서西路軍政署는 바로 이러한 필요에 따라 만들어진 조직이었다. 앞의 것은 민정民政이요, 뒤의 것은 군정軍政기관이다. 이것은 독립군 기지와 동포사회를 꾸려나가기 위해 꼭 필요한 이원적인 조직인데, 이는 1911년 4월 경학사로부터 시작된 독립군 기지 건설의 결실이었다.

한족회는 1919년 4월 유하현 삼원포에서 조직되었다. 독립선언이 나라 안을 온통 뒤흔들어 놓고 있고, 나라 밖에서도 왕성하게 일어나던 무렵, 장소는 8년 전 경학사가 조직되었던 바로 그 근처였다. 한족회는 해룡海龍·통화通化·흥경興京·임강臨江·집안集安·환인桓仁 등 서간도지역에 넓게 퍼져있던 자신계自新契·교육회敎育會 등 기존 조직을 묶어 만들어졌다. 그런데 조직과 구성을 보면, 한족회가 '자치정부' 성격을 지녔다는 느낌을 준다.

한족회는 중앙조직만이 아니라 지방조직에서도 짜임새 있는 모습을 보였다. 본부를 삼원포에 두고, 서간도 넓은 지역에 지부 조직을 두었다. 중앙에는 총장이 조직을 대표하고, 지역 곳곳에는 총관總管을 비롯한 하부 단위 책임자를 두어 동포사회를 이끌어 갔다. 동포 1천 호戶에 총관, 1백 호에 가장家長, 10호에 실장室長을 각각 1명씩 두어 조직을 이끌게 했다. 지부 조직을 중앙으로 연결시켜 동포사회를 운영한 것이다. 그러므로 한족회는 동포사회를 운영하는 자치행정 조직이자 인력 양성과 운영에 무게 중심을 둔 단체라고 정리된다.

정무총장   이탁李沰
서무사장   **김동삼**, 뒤에 **김성로**
외무사장   양규열
법무사장   이진산李震山, **김응섭**
검찰사장   최명수崔明洙
학무사장   윤기섭尹琦燮, 뒤에 **김형식**으로 바뀜
재무사장   안동원安東源

주요 책임자를 보면 이렇다. 정무를 총괄하는 총장을 이탁이 맡았고, 그 아래 6개 사장(혹은 부장) 자리가 있었다. 그 핵심 직책을 맡은 안동사람을 보면, 김동삼이 서무사장을 맡았다가, 집안 조카인 김성로金聲魯가 그 뒤를 이었다. 김성로는 같은 내앞마을출신이자 그 집안 조카다. 또 김형식金衡植이 학무사장을 맡았는데, 그는 1911년 망명한 뒤 1914년 사망한 김대락의 아들이다. 그리고 김응섭이 법무사장을 맡았다는 기록도 보인다. 대한민국 임시정부에 참가

하여 법무차장과 법무위원에
임명된 그가 서간도로 이동해
서로군정서에 참가한 것이다.

김형식

이밖에 이상룡의 조카인 이
형국도 한족회 중견으로 활동
하였다. 또한 지방조직에 참
가한 안동사람까지 찾아낸다
면 매우 많을 것이다. 대표적
인 인물로 한족회지역의 책임
자인 구정區正을 지낸 권기일
權奇鎰·김동만金東滿·배영진
裵永進(예안 도촌) 등이 있다. 앞의 두 사람은 1920년 일본군
의 기습 공격을 받아 순국했다.

2) 군정부 서로군정서

이상룡을 비롯한 지도자들은 독립군 조직에 대해 새로운
해결책을 찾고 있었다. 길러낸 군대는 계속 훈련의 완성도
를 높여야 하고, 그러면서 이들을 유지할 방안을 찾아야 했
던 것이다. 깊고 깊은 산골짜기에 터 잡은 비밀병영 백서농
장이 하나의 해결책으로 채택되어, 김동삼이 장주를 맡아

신흥무관학교출신 병사들을 이끌고 들어간 것이다. 그러나 자급자족이 뜻대로 되지 못하는 데다가, 심한 풍토병 때문에 여러 병사들이 목숨을 잃는 고난을 겪고 있었다. 그러다 마침 3·1독립만세 소식과 망명자가 급증하는 상황이 나타나자, 한족회는 마침내 백서농장 철수를 결정하고, 이들을 축으로 삼아 새로운 조직을 결성하였다. 그것이 바로 서로군정서였다.

처음부터 이름이 군정서는 아니었다. 민정부 기능을 가진 한족회가 구상한 조직은 군정부였다. 독립군을 이끌고 전쟁을 펼쳐나갈 군사 중심의 정부조직이었다. 실제로 이름에 맞을 만큼 조직을 갖추지는 못했지만, 일단 '정부'라는 이름이 처음으로 등장하였다. 그래서 한족회와 서로군정서가 행정과 군정 기능을 나누어 맡아, 쌍두마차처럼 남만주 동포사회를 이끌어 가게 되었다.

그런데 마침 상해에서 대한민국 임시정부가 수립되었다는 소식이 전해지자, 이들은 고민에 잠겼다. 군정부를 유지한다면, 임시정부에 맞서는 꼴이 되고 만다. 그래서 이 문제를 집중적으로 논의한 끝에 타협안을 만들고, 대표를 상해로 보내 협상을 벌였다.

이들이 요구한 안은 두 가지였다. 하나는 나라 안팎의 모든 독립운동을 통제하고 지도할 정부의 위치로는 국제외교에 편리한 상해가 적합하므로 그곳에 두자는 것이고, 다른 하나는 무장 독립군의 국내 진입활동에는 만주가 마땅하니 독립군을 지휘할 군정부를 만주에 건립하자는 것이었다. 임시정부는 이러한 요구를 논의한 끝에 1919년 11월 17일, 다음과 같은 내용을 '대한민국 임시정부 공보 제7호'를 통해 발표하였다.

> 특별국무회의에서는 서간도 타협안이 제출되야 서간도 군사기관(군정부) 자치기관(한족회)의 임시정부 통치하에 귀歸함

이는 한족회와 서로군정서 두 조직을 인정하되, 그것을 임시정부 아래 둔다는 것이다. 그래서 '군정부'는 서로군정서로 바뀌었다. 다시 말해 독립전쟁을 이끌어 갈 군정부 기능을 임시정부 차원에서 인정받고 정식 군대 편제를 갖추어 간 것이다. '정부'보다는 낮은 단계의 조직이지만, 국내 진공작전을 펼칠 군사와 전쟁 관련 업무에서 임시정부로부터 실질적인 대표성을 인정받은 셈이다.

서간도 사회에서 안동출신 인물이 차지하는 비중은 다시

대한민국 임시정부 공보 제7호(《대한민국 임시정부자료집》1)
대한민국 임시정부는 국무회의에서 서간도 군사기관(군정부)과 자치기관(한족회)을 대한민국 임시의정원 통치 아래 둔다고 결의하였다.

되풀이할 필요도 없을 정도다. 군정부의 최고 직책은 본래 총재였으나, 임시정부 아래 편입되어 서로군정서가 되면서 독판督辦으로 바뀌었다. 그 자리를 이상룡이 맡고, 군대를 이끄는 핵심 직책인 참모장은 백서농장 장주였던 김동삼이 맡았다. 김동삼은 민정기관인 한족회의 핵심인 서무사장(서무부장)도 겸직하였던 것이다.

독　　판	**이상룡**
부 독 판	여준
정무청장	이탁
군정청장	양규열
참 모 장	**김동삼**
교　　관	이청천李青天(본명 池大亨)·신팔균申八均·김경천金擎天

　이밖에도 서로군정서에 참가한 안동사람은 많다. 기록에 나오는 인물을 언뜻 보더라도, 김대락을 잇는 내앞마을 의성김씨와 이상룡의 집안인 고성이씨가 주류를 이룬다. 이 것은 두 집안출신 인물들의 활약도 두드러졌지만, 기록도 두 집안의 것이 남아 있기 때문이기도 하다. 이 가운데 김

원식金元植은 1919년 1월 광무황제 고종의 사망 소식을 들은 뒤 망명길에 오른 것으로 알려진다. 만주로 함께 가던 학봉종가 종손 김용환은 신의주에서 일제 경찰에 붙잡혀 돌아오고, 김원식만 유하현에 도착했다는 이야기가 집안에 전해진다.

김규식 · 김동만 · 김만수 · 김만식 · 김성로金聲魯 · 김원식 · 김응섭 · 김장식 · 김정식 · 김중한 · 김창로 · 김형식 · 류림 · 이광민 · 이봉희 · 이상룡 · 이승화 · 이운형 · 이준형

서로군정서 활동 가운데, 안동사람과 관련된 것은 참모장 김동삼이 국내로 파견한 독립군이 일본군을 공격한 일이다. 김동삼이 국내로 파견한 독립군의 움직임 가운데 일부 활동 내용이 전해진다. 국내로 진입하여 일제 경찰과 싸우다가 붙들린 것만 7건, 19명에 이른다. 이들이 이룬 전과는 일제 경찰 13명을 사살하고 군자금을 모집한 것이다. 그러나 이러한 수치는 어디까지나 일제 경찰이 작성한 자료에 드러나는 것일 뿐이다. 실제로 펼친 활동이 이보다 훨씬 많았을 것이라는 추정은 의심할 여지가 없다. 이것이 바로 국내 진공작전의 한 부분이다.

금계마을출신 김원식은 국내로 침투하여 자금 모집에 힘을 쏟았다. 그가 국내에서 움직인 흔적은 1920년 대구를 중심으로 나타났다. 대구를 중심으로 대한민국 임시정부를 지원한 거사가 진행되었는데, 일제 경찰은 그 뒤에 김원식이 움직였다고 파악했다. 김원식은 다시 만주로 빠져나가 1922년에는 친일주구들을 처단하는 일에 앞장섰다.

한편 서로군정서는 백두산 가까운 곳에 비밀병영을 마련하였다. 안도현安圖縣 내도산內島山이 그곳인데, 북로군정서 구역에 가까운 밀림 속이다. 성준용과 강남호(이상룡 사위)를 보내 비밀병영 터를 찾게 했고, 거기에 이청천을 시켜 1개 대대 병력을 거느리고 주둔하게 했다.

1920년에 들어 이상룡과 안창호 사이에 글이 오가면서 의견을 나누었다. 안창호는 이상룡에게 독립운동 방략을 제시하였는데, 여기에 이상룡은 자신의 경험을 바탕으로 다른 의견을 내놓았다. 안창호가 외교·내정·재무·군사 순서로 제시한 반면에, 이상룡은 군사·재정·외교·내정을 꼽았던 것이다. 이상룡의 주장은 외교보다 군사가 앞서는 것이었다. 이러한 차이는 파리강화회의를 비롯한 국제관계를 우선으로 삼았던 임시정부와 달리, 만주 독립운동계는 독립전쟁을 제일 우선으로 삼고 있었음을 알 수 있다.

이상룡의 이러한 의견은 만주지역 독립군 조직의 공통된 것이었을 것이다. 이상룡은 안창호에게 만주에 망명한 뒤 9년 결사자치結社自治와 상무교육尚武敎育에 힘써온 과정을 설명하고, 작년(1919)에 서로군정서를 조직하고 2개 여단旅團을 편성하여 자신이 총재가 되었다면서, 새로운 학교에서 우등 5~6백 명, 2·3등 자격 7~8백 명을 배출했으며, 신규로 모집하였으나 아직 훈련받지 못한 자가 다수라고 밝혔다. 또 만주가 러시아와 가까워 무기를 구입할 수는 있으나 자금이 없어 아쉽다고 밝혔다. 그러니 무엇보다 먼저 군대를 기르고 무장하여야 한다고 주장한 것이다.

이상룡의 주장은 무엇보다 먼저 선택할 길이 독립전쟁이요, 그러자면 군사력을 길러야 한다는 것이다. 길러둔 군대가 있고, 예비 병력도 있는데, 자금이 없어 무기를 충분하게 갖추지 못하고 있는 현실을 헤아려 임시정부에서 이를 지원해 달라는 말이었다. 더구나 임시정부와 서로군정서가 직할관계일 뿐만 아니라, 임시정부가 1920년 1월 '독립전쟁의 원년'임을 선포한 터였기 때문이다. 두 사람 사이에 견해는 크게 다르지 않은 것 같지만, 군사와 외교 가운데 어느 것이 우선인지에 대한 시각차는 결코 작은 것이 아니었다.

1920년 봄, 이상룡은 김좌진으로부터 지원해 달라는 부탁을 받았다. 북로군정서가 서로군정서에게 이장녕을 비롯한 지휘자와 병력을 보내달라는 것이었다. 망명한 뒤 9년 동안 길러온 군대를 일부나마 다른 지역으로 보내는 일이 내키지 않을 수도 있었다. 그러나 이상룡은 다음과 같이 답했다.

> 만약 마음을 같이하는 사이가 아니라면 요청하신 뜻을 감히 받들지 못하겠지만, 다만 귀서(북로군정서-필자 주)와 본서(서로군정서-필자 주)는 하나이면서 둘이고 둘이면서 하나이기 때문에 기관으로 차별해서 달리 보는 일이 있어서는 안 되겠기에 어쩔 수 없이 이미 맡은 직무를 되돌리고 진행 중인 일을 철폐하여 말씀하신대로 보내오니 …… (〈석주가 1920년 김좌진에게 보낸 편지〉, 《석주유고》 상)

여러 사정들이 있지만, 서로군정서나 북로군정서가 완전히 별개의 것이 아니므로, 차별해서 봐서는 안 된다고 밝히면서 군대를 파견하기로 흔쾌하게 결정한 것이다. 이에 따라 이청천과 이장녕이 300명 넘는 서로군정서 독립군을 이끌고 북간도로 이동하였다. 이들이 6월에 터진 봉오동전투에 참전한 것은 달리 설명할 필요가 없다.

8월에는 김동삼이 직접 왕청현 서대파西大坡에서 북로군정서를 방문하여 작전을 논의하기도 했다. 그 뒤 10월에는 청산리전투가 벌어졌다. 청산리전투에 참가한 안동출신 인물은 여럿이겠지만, 자료에 등장하는 사람으로는 세 사람이 눈길을 끈다. 내앞마을출신 김성로金成魯와 풍산출신인 김중한, 그리고 길안출신인 김태규가 있다. 이들은 모두 신흥무관학교출신인데, 김성로는 청산리전투에서 전사하였다. 그는 다른 사람과 달리 북로군정서 소속이었다. 김중한은 서로군정서 소속인데, 김태규도 그럴 것이라 짐작된다.

서로군정서를 지원한 인물에는 금계마을출신 김연환도 있다. 그가 처음 망명한 때는 1912년인데, 다른 안동사람들과 달리 그는 봉천으로 갔다. 봉천(현재 심양) 소남문에 근거지를 마련한 그는 천성여관天成旅館을 중심으로 활약하였다. 그는 주로 국내와 연락을 담당하였고, 폭탄을 만주 일대와 국내에 공급하여 의열義烈투쟁에 사용하도록 만드는 일을 했다. 그런데 그가 제조해 달라고 주문했던 폭발물을 일제가 탐지하고 찾아내 분석하다가 폭발하는 사건이 발생했고, 그는 일제의 수배 대상으로 쫓기는 몸이 되었다.

1919년 9월 15일 또 한 차례 폭발사고가 터졌다. 이번에는 천성여관의 한 방에서 비밀리에 폭탄을 제조하다가 폭발하여 천성여관이 무너진 것이다. 일제는 조사 결과 주문자세 사람 가운데 한 사람이 바로 금계출신 김연환이라고 밝혔다. 수배당하던 그는 바로 중국 본토로 이동하여 임시정부가 있는 상해로 갔다. 임시정부에 도착해서도 그는 자금 모집을 맡게 되었고, 1920년 1월 중에 김창숙으로부터 국내 파견원 김법金法과 만나 모금계획을 수립하였다. 그리고 그는 스스로 자금 모집을 담당하는 공작원이 되어 국내로 잠입하였다.

김연환은 대구에 도착하여 공작대상으로 영양출신 권태일權泰馹에게 임시정부의 현황을 설명하고, 독립운동에 가담하라고 권유하였다. 또 그는 서건수徐健洙라는 인물도 포섭하는 데 성공하여 임시정부에 대한 원조를 권유하였다. 김연환은 1920년 2월 27일 상주 성하리에 사는 류경원柳慶元을 방문하고, 그곳에서 만난 정재룡鄭在龍·강원석姜原錫에게 임시정부에 대한 자금을 지원하라고 요청하였다. 설득력을 높이기 위해 그는 임시정부로부터 받아온 '대한민국임시정부재무부' 도장이 찍힌 〈애국금납입통지서〉와 재무총장 이시영李始榮 이름으로 작성된 〈영수증〉을 보여 주었다. 이처럼 활동하던 그는 2월 29일 일제 경찰에 붙들려, 1920년

6월 대구지방법원에서 1년형을 선고받고 옥고를 치렀다. 출옥하자마자 김연환은 1922년 2월 또다시 만주로 갔다. 바로 이때부터 그는 서로군정서의 운영자금을 마련하기 위해 다시 활동에 나선 것이다.

서로군정서를 말할 때, 국내의 지원을 빠트릴 수 없다. 국내 후원 조직이 바로 '조선독립운동후원의용단'(이하 의용단)이다. 이 단체는 1920년 9월에 결성되어 일제 감시망에 잡힌 1922년 12월까지 활동하였다. 의용단의 결성에 김응섭이 결정적 구실을 한 것으로 알려진다. 의용단의 국내 총책임자가 김찬규金燦奎인데, 김응섭이 그를 만나 군자금 모집을 부탁한 것이다. 만주에서 여관을 경영하며 독립자금을 후원하고 있던 김찬규는 김응섭의 요청을 받아들였다. 김찬규는 서로군정서 총재 이름으로 작성된 위임장 2통과 암호문 1통, 그리고 김응섭에게서 직접 건네받은 권총 1자루와 실탄 14발을 가지고 국내로 몰래 들어와 의용단을 조직했다. 신태식은 경북단장, 김찬규는 경남단장, 이응수는 경북총무, 안동 서후면 금계마을 김용환은 서기를 맡아 군자금 모집에 나섰다. 그러나 1922년 11월 무렵 김찬규가 체포되면서, 모두 40명 넘게 붙잡히게 되었다. 여기에 등장하는 김용환은 바로 학봉 김성일의 종손이면서, '노름으로 종가

재산을 거덜 낸 파락호'로 소문난 사람이다. 실제로는 서간
도에 자금을 거듭하여 보낸 인물이니, 자금 마련과 송금의
표면적 방법으로 노름이라는 행위를 택한 것이다.

9

참변을 당하고
북만주에 새로운 터를 만들기

1) 경신년 참변에 희생된 안동사람들

이청천이 이끄는 서로군정서 독립군 일부가 북간도를 향해 이동한 직후, 일본군이 서간도 일대를 휩쓸면서 독립군 기지를 짓밟는 참극이 벌어졌다. 이상룡이 김좌진에게 보낸 편지에서 "이미 맡은 직무를 되돌리고 진행 중인 일을 철폐하여"라고 적은 것처럼, 신흥무관학교를 비롯한 독립운동 기지를 비워둔 형편에서 일본군의 침공을 받게 된 것이다. 여기에서 참살을 당한 사람이 한둘이 아니지만, 1920년 경신년庚申年에 참변을 당한 인물로 권기일과 김동만이 두드러진다.

사실 한국에 주둔하던 일본군은 봉오동전투가 일어나기 두 달 앞선 1920년 4월부터 면밀한 작전을 짜고 있었다. 마침 국제 간섭군으로 연해주에 파견된 일본군이 철수하게 되자, 일제는 이들을 만주로 보내 독립군을 무력화시킨다는 계획을 세웠던 것이다. 그런데 독립군을 공격하러 나섰던 일본군은 1920년 6월 봉오동전투와 10월 청산리전투에서 오히려 독립군에게 대패를 당했다. 청일전쟁과 러일전쟁, 제1차 세계대전에서 연전연승을 거둔 일본 정규군이 비정규군인 한국 독립군을 공격했다가 당한 패배는 수치스러울 정도였다. 그러자 일본군은 서북간도 독립군의 뿌리가 되는 한인사회를 짓밟기 시작했다. 아예 토양분을 모두 없애겠다는 계획이었던 것이다. 엄청나게 많은 동포들이 살해되었다. 이를 경신년(1920)에 벌어진 것이라 하여, '경신참변庚申慘變'이라 일컫는다.

일본군이 한인사회를 직접 공략하기 시작한 때는 봉오동전투가 일어나기 한 달 전인 5월이다. 1920년 5월 '중일합동수색대'가 편성되어 독립군 기지를 직접 찾아 나선 것이다. 조선총독부 아카이케赤池 경무국장이 봉천(심양)을 방문하여 동삼성東三省 순열사巡閱使 장작림張作霖을 만나, 봉천성과 간도지역의 한국 독립운동가를 검거한다는 데 합의함에 따라 '중일합동수색대'가 조직되었다. 그 가운데 봉천독군奉天督軍의 고문顧問을 맡고 있던 사카모토坂本가 이끄는

권기일이 사용하던 도장
(기념관 소장. 권대용 기증)

부대는 5월 15일부터 8월 18일 사이에 서간도를 휘젓고 다녔다. 이들 손에 한국 독립운동가 277명이 붙잡히고 8명이 죽임을 당했다. 피하지 못한 핵심인물들은 대부분 희생되고 말았다. 그런 가운데 권기일이 8월 15일, 통화현通化縣 합니하哈泥河에 있던 신흥무관학교 분교, 수수밭에서 순국하였다.

권기일은 안동 남후면 대곡출신이다. 이상룡의 뒤를 따라 1912년 만주로 망명한 뒤 줄곧 유하현과 통화현 일대에서 활약했다. 순국할 무렵 그가 당시에 맡고 있던 공식 직책은 한족회의 구정이자 교육회 위원이었다. 독립군 기지를 유지해 나가는 동포사회에서 지역의 간부로서 움직이던 그였다.

또 한 사람 경신참변에 희생된 인물로 김동만金東滿이 있다. 그는 안동 천전川前(내앞마을)출신이자 김동삼의 친동생이다. 형이 먼저 떠난 뒤, 그는 아내와 아들만이 아니라, 어머니와 형수, 그리고 조카들을 모두 이끌고 만주로 망명했다. 그러다가 1910년대 중반에 잠시 고향으로 돌아와 머문

때가 있었다고 전해진다. 1910년대 초·중반에는 망명했던 독립운동가들이 비밀리에 여러 차례 고향을 방문했다. 자리를 잡는 과정에서 흉년이 들어 고생하고, 갖고 간 자금이 부족하여 긴급하게 돌아와 비밀리에 재산을 처분하는 일도 더러 있었다. 김동삼의 토지가 팔리고 이를 정리하던 대행자가 수수료를 받은 영수증이 최근 발굴되었는데, 이 자료도 그런 정황을 말해주고 있다. 김동만도 남은 땅을 처분하여 자금을 만들고, 연락사항을 전달하러 돌아온 것으로 짐작된다. 그러다가 다시 만주로 되돌아갔고, 그곳에서 1920년 11월 5일(음 9.25.) 참극을 당한 것이다. 순국 당시 그는 유하현 삼원포 근처에서 삼광중학교장을 맡고 있었다.

일본군 '기마토벌대'는 청산리전투에서 패배한 치욕을 앙갚음하려는 듯이 삼원포 일대를 짓밟고 다녔다. 만리구에 살던 남자 12명이 삼원포와 만리구 사이에 있는 왕굴령王屈嶺 고개 밑에서 참살을 당했다. 김동만은 그곳에서 희생되었다. 시신이 너무 참혹하여 아내는 오래토록 정신착란 증세를 보일 지경이었다. 김동삼의 맏며느리 이해동은 김동만의 아들 김경묵金敬默의 회고담을 이렇게 전한다.

시삼촌(김동만—필자 주)은 12명 중 맨 마지막으로 총살하였다고 들었는데, 조선 옷고름을 뜯어 눈을 싸매었고 목은 군도로 쳤으나 채 떨어지지 않았으므로 시체만은 그냥 알아볼 수가 있었다고 한다. 그 후 시사촌 동생(김동만의 아들 김경묵—필자 주)은 그때 목격한 것을 이렇게 말하였다.

"그때 여덟 살이던 나는 어머니를 따라 아버지 시체를 찾으러 갔다. 그 당시 무섭고 참혹한 정경은 지금도 나의 머릿속에 또렷이 생각되며 영원히 잊을 수 없다."

이렇게 황당하고도 참담한 일에 어떻게 손을 쓸 방법이 없었다. 만리구(고)에 살던 이원일의 아버지 이강호가 나서서 시체를 수습하고 김동삼의 두 아들 정묵·용묵과 김동만의 아내와 아들 경묵을 돌보며 장례를 치를 수 있었다. 아우의 죽음 소식을 들은 김동삼은 신변의 위험을 무릅쓰고 가족들에게 달려갔다. 말리는 동지들에게 그는 "먼 땅에서 함께 동고하던 내 아우가 나를 대신하여 죽었으니 어찌 자신의 위험만을 생각하고 그냥 좌시할 수 있겠는가."라 말하고 길을 떠나 낮에는 숨고 밤에만 샛길을 타 겨우 삼원포에 도착하여 사태를 수습하였다.

김동만의 아내가 받은 충격은 어떻게 표현하기 어려울 정도로 컸다. 훼손된 시신을 보고 정상적인 정신을 가지는 사람은 거의 없을 것이지만, 더구나 가족들이니 더 말할 나위가 없지 않을까. 김동만의 아내는 그때 받은 정신적인 충격으로 말미암아 온전한 생활을 할 수 없게 되고 말았다.

2) 북만주에 새로운 터를 찾아 나서다

일본군의 만행은 서간도지역에 틀을 갖추기 시작한 동포사회의 뿌리를 흔들어 놓았다. 만주군벌과 일본의 연대관계가 이어진다면, 서간도에서 지속적으로 일본군에게 시달리는 고난을 피할 길이 없었다. 하지만 서간도는 국내 진공작전을 비롯하여 독립운동의 목적을 생각할 때 떠날 수도 없는 곳이다. 고민 끝에 찾은 길은 서간도에 독립운동가들이 남고, 가족들을 북만주로 보내 새로운 기지를 개척하는 것이었다. 맨 아래쪽 통화와 유하현 일대에 터를 잡은 한인사회가 1910년대 중반을 넘어서면 액목이나 길림 가까이 북상했고, 경신참변을 거치면서 길림에서 오상이나 하얼빈까지 올라갔다. 그곳에서 철도를 따라 서쪽으로는 치치하얼 쪽으로, 동쪽으로는 영안 쪽으로 옮겨 갔다.

하나의 사례를 보면, 동생을 잃은 김동삼이 그의 가족들을 북만주로 보낸 것을 들 수 있다. 그는 고향마을에서 사촌동생 김장식을 불러 가족들을 이끌고 북만주로 가달라고 부탁했다. 김장식은 만주에 도착하자마자, 김동삼의 아내 박순부와 아들 김정묵 내외, 작은 아들 김용묵, 김동만의 아내와 아들 김경묵, 이원일의 부모를 비롯한 그 가족까지 이끌고 북상길에 올랐다. 핵심인물들의 활동을 자유롭게 만들기도 하거니와, 새로운 근거지를 찾고 만드는 데에도 목적이 있었다. 이들은 북만주 영안현 주가툰周家屯(현재 영안현 강남 조선족·만주족 공동 자치향自治鄕)으로 급히 옮겨 갔다. 쉬운 길이 아니었다. 망명하던 무렵 유년기였던 아이들이 청소년기를 지나고 있으니, 일단 아이들 결혼문제부터 해결하기로 작정하고, 김동삼의 맏아들 정묵과 이원일의 맏딸 이해동을 결혼시키고서 길을 나섰다. 그 자리에 김동삼은 없었다. 급하니 그렇게 여정을 시작했다.

가는 길도 멀고 험했다. 얼어붙는 발을 주무르면서 종일토록 튀는 마차에 웅크리고 가다가 큰 온돌방에 다른 사람들과 함께 지내는 값싼 여관 쾌점快店에서 묵고, 다시 이동하길 일주일이나 되어 개원開源에 도착, 기차로 하얼빈으로 가서 동쪽 목단강 방향으로 이동하여 해림으로 갔다. 이원일 가족은 그곳에서 여하呂河라는 마을에 터를 잡고, 김동삼 가족들은 해림역 남쪽 40리 거리에 있는 영안현성 소재지 영고탑으로 갔다. 김동삼 가족은 현성에서 10리 떨어진 주가툰에 도착했다. 삼원포를 떠나서 한 달이나 이동해 온 것이다. 내앞마을 사람들을 비롯하여 안동사람들의 이동도 비슷했다. 얼마 뒤 1924년 정의부가 만들어지면서 정의부가 북만주에 동포사회를 건설하기에 이른다.

10

흩어진 독립군을 다시 묶어세우기

1) 북경 군사통일회의와 이상룡

독립군 부대들은 동포사회를 살릴 방법을 생각하였다. 그리하여 1920년 겨울 한 달 동안 영하 40도 추위를 견디며 북상하여 러시아 국경을 넘어 '자유시'로 이동하는 죽음의 길을 갔다. 그 결과 4,500명이나 되는 독립군이 그곳에 모였다. 그러나 이듬해 6월 러시아 자유시에서 독립군들이 대거 희생당한 사건이 벌어졌으니, 이것이 '자유시참변'이다. 적색 러시아 군대와 여기에 참가한 러시아 귀화 한인, 그들의 요구에 넘어가지 않으려는 독립군들의 저항, 이러한 갈등으로 말미암아 큰 충돌이 일어나서 6백 명이 넘는 병력이 목숨을 잃는 비극이 발생했다.

오미마을출신 김응섭은 이런 혼란의 도가니 속에 있었다. 사건이 터질 무렵이던 1921년 5월에 조직된 이르쿠츠크 고려공산당에 김응섭은 가입하였는데, 그 그룹이 고려혁명군 정의회를 조직하고 대한독립군단을 무장해제 시키는 일을 맡고 나선 것이다. 그러나 의도대로 되지 않자 6월 29일 무력 충돌이 일어났고, 독립군이 한 순간에 괴멸상태에 빠지는 비극이 벌어졌다. 그는 공격선에 서 있던 고려공산당 이르쿠츠크파의 대표 인물이었다.

이 난리를 피해 돌아오는 독립군들이 많았다. 이들을 안착시키고 재조직하는 일은 당시 독립운동계가 직면한 가장 다급한 과업이었다. 여러 곳에서 대책회의가 열렸는데, 북경에서 열린 군사통일회의가 가장 대표적이다. 여기에 이상룡이 직접 참석하게 되었다.

1921년 1월 23일(음 1920.12.) 북경에서 성준용成駿用이 이상룡을 찾아왔다. 이회영과 박용만이 그를 북경으로 초대한 것이다. 흩어진 독립군을 묶어세울 방안을 찾는 것이 주된 목적이었다. 박용만과 신숙申肅은 성명을 통하여 "한국 독립문제는 군사가 아니면 해결이 불가능하고, 군사운동은 통일이 아니면 성공하기 어렵다."고 결론지으면서 여러 단체의 연합을 주장하고 나섰다.

이상룡으로서는 피할 수 없는 일이요, 마땅히 해결해야 할 당면과제였다. 닷새 뒤에 출발하여 1월 30일 길림에 도착하고, 2월 1일 중국식 옷으로 갈아입었다. 일본군이 관할하는 구역을 통과하는 기차를 타려면 중국인으로 보여야 검문을 무사히 통과할 수 있기 때문이다. 도중에 이회영과 박용만이 어서 오라는 편지를 보내왔다. 2월 16일 여비를 확보하여 길림에서 장춘으로 가서, 다시 장춘에서 봉천으로 향했다. 2월 17일 새벽 봉천에 도착하여 이석영李錫榮과 그 형제(맏형 이건영, 동생 이철영)를 만나고 저녁에 다시 북경으로 향했다. 그래서 산해관에 도착하고 밤늦어 북경 정양문正陽門 밖에 이르러, 마중 나온 이회영·박용만·신숙 등을 만났다. 후고루後鼓樓공원 근처에 있던 이회영의 집에서 그의 동생 이호영李護榮과 조카 이규룡를 만났다. 마침 백순白淳이 영안현에서 북로군정서의 소식을 갖고 도착하였다.

이상룡은 소식을 듣고 찾아오는 독립운동계의 대표급 인사들을 매일 만났다. 신채호·이규봉李圭鳳·배달무裵達武·류신柳藎·장건상·구영필·김대지·한진산·김천민·김원봉·송호·왕삼덕·김창숙·김성근·강구우·백순·유정근·홍남표·오성륜吳成崙·조성환·김규식·손영직孫永直 등이 연달아 찾아왔다. 이들과 당면 문제를 논의하는 동안 상해에서 임시정부 국무위원인 이시영과 신규식의 편지를 갖고 박찬익이 찾아와 만나기도 했다.

4월에 들어 신숙이 상해에서 돌아와 이승만의 위임통치 문제를 제기하였다. 제1차 세계대전 말미에 이승만은 윌슨에게 한국을 위임통치해 달라고 청원한 일이 있었다. 1919년에 이승만이 임시대통령으로 선출되는 데 강하게 반발한 신채호가 끝내 임시정부를 박차고 나간 이유도 거기에 있었다. 이승만이 1920년 12월 상해에 도착하여 임시대통령으로서 움직이고 있던 터라, 북경군사통일회의에 참가한 인사들이 그를 성토하고 나섰던 것이다. 뿐만 아니라 임시정부 개조를 요구하였다. 이런 움직임은 앞서 1921년 2월에 박은식과 김창숙을 비롯한 14명의 독립운동가들이 〈아 동포에게 고함〉이라는 선언을 통해 임시정부의 개혁을 요구하고 나선 뒤였다.

북경에 모인 대표들도 이 문제를 가지고 매일 토론과 성토를 벌였다. 이상룡이 북경으로 초대되어 간 가장 큰 과제는 독립군의 결집과 독립운동계의 통일이었지만, 북경에 모인 독립운동가들을 들끓게 만든 문제는 바로 이승만의 위임통치론이었다. 왜냐하면 이승만이 바로 그 시기에 상해에 부임해 있었기 때문이다. 1920년 12월 상해에 도착한 이승만이 독립운동계를 정비하고 통일시켜야 하지만, 전혀 그렇질 못하고 분규가 계속되고 있었던 터였고, 그러다가 5월에 갑자기 하와이로 가버렸다. 상해에 6개월 동안 머물던 이승만이 독립운동계의 분규를 잠재우기는커녕 오히려 분란을 더 일으켜 놓고서 사라진 것이다.

군사통일회의는 이승만에 대한 난타전으로 일정을 시작하였다. 회의는 4월 17일 열리고, 이상룡은 서로군정서 대표로 성준용·배달무裵達武·송호宋虎 세 사람을 정했다. 북경 삼패자공원三貝子公園 창관루暢觀樓에서 대표 20여 명이 모인 가운데 군사통일회의가 열렸고, 회장 신숙, 서기 박건병, 검찰 배량·홍남표 등을 선출했다.

서북간도·미주·연해주 및 국내의 10개 단체 대표들이 열띤 토론을 벌였다. 그런데 이승만을 성토하는 목소리가 높아지면서 모인 근본 취지가 흐려지자, 서로군정서 대표들은 자리를 빠져나오기 시작했다. 더구나 이 회의가 '대조선공화국 군사통일회의' 이름으로 성토문과 선언서를 채택하게 되자, 서로군정서 대표 두 사람은 회의장을 떠났고, 송호宋虎만 서명했다. 이상룡은 대한민국 임시정부 자체에 만족하지는 않더라도 부정하지도 않았다. 따라서 '대조선공화국'이라는 이름으로 발표되는 선언서에 그는 동조할 수 없었다. 이러한 사실은 1년 반이 지난 1922년 12월 김동삼이

_이상룡

상해에 도착하여 《독립신문》 기자에게 밝힌 내용에서 확인
된다. 위임통치를 주장한 임시대통령을 그냥 두는 것도 받
아들일 수는 없지만, 기존 국가와 정부를 부정하여 새로운
국가와 정부를 세우는 것도 반대한다는 것이 그의 주장이었
다. 이는 이상룡의 의견을 그대로 드러낸 것이라 여겨진다.

　이상룡은 서간도로 돌아올 생각을 굳혔다. 여준과 이탁
이 액목현에서 80리 거리에 북대영北大營이란 땅이 있어 독
립군 기지에 적절하다고 알려오자, 마침내 귀환 날짜를 잡

앉다. 그는 동안시장東安市場에 있던 사진관에 들러 사진을 찍었다. 앉아서 한 장, 서서 한 장 찍었는데, 현재 남아있는 앉은 자세의 사진이 이것이 아닌가 짐작된다. 그는 6월 북경을 출발하여 서간도로 돌아왔다.

이상룡이 북경을 다녀오는 동안 김동삼도 거기에 맞춰 움직였다. 그도 북경으로 가려고 나섰는데 교통편이 마련되지 않아 중도에 돌아선 일이 있었다. 또 한 가지 사실은 이승만의 위임통치론에 대한 성토에 동참한 것이다. 그는 1921년 5월 6일 여준·이탁·곽문郭文·이진산과 함께 결의서를 작성하여 상해로 보냈다. 서간도를 대표하여 대한민국 임시의정원에 의원으로 파견되어, 당시 의장을 맡고 있던 윤기섭에게 그 결의서가 전달되었다. 거기에는 이승만에게 책임을 물어야 한다는 것과 임시정부의 개조를 요구하는 내용이 담겼다. 북경에서 머물던 이상룡과 서간도를 지키던 김동삼의 발걸음은 하나같이 움직였다.

이상룡이 북경에 가 있던 무렵, 김동삼은 액목현에서 서로군정서를 다시 정비하는 데 매달렸다. 편제를 위원제로 바꾸어 정부 조직에 가깝도록 만들었다. 여기에 군사적인 면모를 바꾸어 놓았다. 북경군사통일회의를 이끌고 있던 박용만을 총사령관으로 지명하고, 대한민국 임시정부 군무국장을 맡던 황학수黃學秀를 참모장으로 받아들였다. 그 내용을 보면 다음과 같다.

집행위원장	이탁
경리위원장	이진산
학무위원장	이상훈李相勳
법무위원장	**김동삼**
독립군총사령관	박용만
독립군참모장	황학수

2) 남만주 독립군의 통일체 대한통의부를 조직하다

이상룡은 북경을 떠나 서간도로 향하면서 군사통일회의가 소집되었던 근본 목적을 스스로 달성해 보려는 계획을 세웠다. 비록 회의가 완전한 합치점을 찾지는 못했지만, 서간도에서 자신이 스스로 그 목적을 달성해야만 한다고 생각한 것이다. 그것이 바로 서로군정서를 재편하고 흩어져 있는 독립군 조직을 통합하는 작업이었다.

길림에 도착한 이상룡은 서로군정서의 부독판 여준, 참모장 이탁, 한족회 간부 김동삼·곽문 등과 함께 논의하여, 임시정부의 직속 체제에서 벗어난다는 뜻을 결정하였다. 이승만이 임시대통령으로 있는 정부 아래에 있을 이유가 없다는 것이다. 그러면서 이상룡은 김동삼을 비롯한 간부들에게 군사주둔지로 액목현을 주목하라고 일렀다. 이때 이탁과 김동삼을 파견하여 영안으로 가게 하고, 송호를 보내 안도安圖에 가서 군사주둔 지점을 준비하게 했다. 안도현에 교성대敎成隊를 주둔시키고는, 이상룡은 이들에게 거는 기대를 〈안도현에 나누어 주둔하고 있는 교성대의 제군들을 생각하다〉라는 시로 읊었다.

해진 솜옷은 찬바람을 막지 못하고   敗絮垢衣不掩風

조석으로 절인 채소이니 배가 고프리라   蔾塩朝夕腹應空

뉘 알랴, 다른 날 한국 운이 새로워지거든 誰知異日新韓運

건국 영웅들이 여기서 나오리라는 것을   建國英雄出此中

이상룡은 북경에서 만난 박용만을 총사령으로 삼아 서로군정서의 군사력과 재정능력을 향상시키려 했다. 이것은 1921년 군사통일회의의 '국내외 독립군단의 군사통일과 군대양성'이라는 목표를 실현해 나가는 첫걸음으로 중요한 의미를 지닌다고 할 수 있다. 그러나 박용만이 일제 밀정이라는 말들이 돌기 시작하자, 그 시도는 중단되고 말았다.

군사통일회의에서 이상룡이 돌아오면서 서간도지역 지도자들은 독립군을 묶어세우는 일에 모든 힘을 모았다. 만주로 돌아온 이상룡이나, 북경의 회합에 기대를 걸고 있던 김동삼을 비롯한 서간도의 지도자들이 맞닥뜨린 가장 큰 과제는 자유시참변으로 흩어져 돌아오는 독립군을 새로 묶어세우는 일이었다. 1922년 1월에 열린 남만통일회南滿統一會는 눈앞의 과제를 해결하려는 모임이었다.

그 주축은 서로군정서·대한독립단·광한단 등이었다. 이들 단체들은 남만주지역에 독립군의 근거지를 안정시키고자 친일 주구走狗를 토벌할 구역을 나누어 맡았다. 이상룡과 김동삼을 비롯한 안동사람들이 많이 포진한 서로군정서는 유하현과 길림 일대를, 전덕원全德元·오석영吳錫英이 지휘하던 대한독립단은 통화현과 홍경현 남쪽의 환인과 집안 등을 나누어 맡고서, 일제의 어용기관을 부수고 주구를 처단하는 일에 나섰다. 일본이 심어둔 친일세력을 뽑아내야 독립운동의 기지를 되세울 수 있었기 때문이다. 1년 넘는 투쟁 끝에 한인사회에 퍼진 친일 어용조직을 부수고 독립운동 기지를 다시 일으켜 세우는 데 성공하였다. 잡초를 걷어내고 독초의 뿌리까지 찾아 뽑아내는 청소작업이 성과를 거둔 것이다.

다음 순서는 군사력을 결집시키는 것이었다. 서로군정서와 대한독립단이 앞장섰다. 소수로 나뉜 유격전이 아니라 통합을 통한 공동투쟁을 펼치기로 가닥을 잡았다. 그 결과가 대한통군부大韓統軍府 결성으로 나타났다. 이름에서 당장 대한의 군대를 통합한 군정부라는 느낌을 준다. 대한통군부는 1922년 1월 서간도 일대의 가장 큰 독립운동 단체였던 한족회·서로군정서·대한독립단이 연합하여 조직한 것이다. 초기 간부진용은 다음과 같다.

총 장	채상덕蔡相悳
비 서 장	고활신高豁信
민사부장	이웅해李雄海
군사부장	**이천민**李天民(**이광민**)
교육부장	**김동삼**金東三
실업부장	변창근邊昌根
경 무 감	전덕원全德元
사 령 관	김창환金昌煥

주역은 대개 서로군정서와 대한독립단 간부들이었다. 직제를 보면, 대한통군부가 군사만이 아니라 동포사회의 자치

___이광민

행정까지 담당하는 군정부의 기능을 갖고 있었음을 알 수
있다. 더구나 같은 해 6월 20일 열린 제1회 총관 회의에서
호적 · 교통 · 학교 · 실업 · 의무병 · 재정 · 구휼 등 8개 항
을 결의하였다. 이는 대한통군부가 독립전쟁 수행에 필요한
한인사회 내부의 결속을 다지고 인적 · 재정적 기반을 정비
하기에 주력하였음을 보여주는 것이다.

　대한통군부는 더 많은 단체를 통합하는 데 힘을 기울였
다. 그 결과 1922년 8월 대한통군부를 대한통의부로 발전

_관전현 하로하

시켰다. (서로)군정서 · 대한독립단 · 관전동로한교민단寬甸
東路韓僑民團 · 대한광복군영 · 대한정의군영 · 대한광복군총
영 · 평안북도독판부 등, 이른바 8단團 9회會 대표 71명이
환인현 마권자馬圈子에 모여 대한통의부 조직을 결의하고
마침내 8월 30일 대한통의부가 발족되었다.

　대한통의부는 정부 형태를 갖추었다. 그 아래 대한통의
부 의용군을 두고, 총장 아래 민사 · 교섭 · 군사 · 재무 · 학
무 · 법무 · 교통 · 실업 등의 부서를 두었으며, 헌법에 해당
하는 헌장을 제정하였다. 본부를 관전현寬甸縣 하로하下露河
에 두고, 각 지방에 총감總監과 임원, 구장 등의 직책을 두

었다. 총감과 구장을 연결하는 행정망을 통하여 세금을 부과하고, 그 세입으로 조직을 운영하였다. 또 의용군 편제도 확립되었다. 5개 중대로 구성된 1개 대대에다가, 유격대와 헌병대 등을 합쳐 단일군단을 형성하였다.

대한통의부의 총장이자 중앙행정위원회 의장으로 김동삼이 뽑혔다. 대한통의부가 정부조직에 버금가는 조직이었으므로, 김동삼은 행정 수반이자 최고 통수권자가 된 것이다. 김원식이나 김규식·이광민을 비롯한 서로군정서에 소속된 안동사람들도 거의 모두 대한통의부 소속으로 활동하게 되었다.

3) 하얼빈의 영웅 김만수 · 류동범

1924년 4월 하얼빈을 들썩이게 만든 전투가 있었다. 그 주인공은 바로 안동 풍산 오미마을출신 김만수와 안동 임동면 수곡(무실)출신인 류동범柳東範이다. 김만수는 이상룡이 만들었던 길남장에서 군사훈련을 받고 성장한 인물이다. 이들 두 사람은 1924년 초 북만주 아성현 취원창에 자리를 잡았다. 하얼빈 주재 일본총영사관의 고등정탐부장 구니요시國吉와 형사부장 마쓰시마松島를 처단하려는 것이 그 목적이었다. 왜냐하면 일제 경찰이었던 이들이 장춘長春과 하얼빈

에서 한국인들의 활동을 극단적으로 묶어버렸던 탓이다. 이
들을 제거하기 위해 김만수는 동지 10여 명을 모아 건국청
년모험단建國靑年冒險團을 결성하였다. 김만수는 1923년 12
월 최병호崔炳浩·류기동柳基東과 함께 합부哈埠 남십팔도가
南十八道街에 있는 중국인 집의 방 한 칸을 빌려 기회를 엿
보았다. 기록에 따라 엇갈리지만, 류기동은 곧 류동범을 말
한다. 그런데 이 기밀이 하얼빈 일본총영사관 경찰에 들어
갔다.

　일제 경찰은 중국 군대에 교섭하여 지원을 약속받고 기
습에 나섰다. 구니요시와 순사 9명은 1924년 4월 7일 밤에
출동하고, 약속했던 중국 경찰과 중국군 200여 명이 합세
하였다. 중국군 대표가 김만수 일행이 묵고 있던 집에 들어
가 사연을 묻자, 김만수는 한국의 독립을 위해 투쟁할 것임
을 밝혔다. 이에 중국군은 자수하면 국사범으로 삼아 절대
일본에 넘기지 않겠다고 말하며 설득에 나섰다. 그런데 대
화가 길어지는 틈에 구니요시 형사가 집으로 들어서자, 김
만수가 총을 쏘아 그를 꺼꾸러트렸다. 뒤를 따르던 두 순사
는 간신히 밖으로 빠져나와 "우리는 중국인이다. 무기를 방
안에 놓고 나오면 용서할 수 있으니 빨리 나오라."고 소리
를 쳤지만, 김만수를 비롯한 세 사람은 끝까지 맞싸웠다.

립신문

定價 每部郵稅幷五錢

廣告料

通信處

事件後聞

할빈에서發生한우리

獨立軍의慘劇

中國交涉員의辱國

哈埠有志者의憤怒

時代日報創刊됨

_하얼빈 거사를 알려주는 《독립신문》 보도(1924년 4월 26일자)

___김만수 집터 사진(오미마을)

　일제 경찰과 중국 군경이 하룻밤 동안 에워쌌다. 날이 밝
은 뒤 사방에서 총이 발사되기 시작했다. 격전이 오전 내내
이어지고 한낮이 지나도록 끝나지 않자, 중국군은 방벽에
구멍을 뚫고, 폭탄을 던져 넣었다. 끝내 집이 무너지고, 이
들 세 사람은 모두 순국하였다. 이 내용은 1924년 4월 26
일자 《독립신문》과 4월 13일자 《조선일보》에 보도된 내용
이다. 여기에 대해 이상룡은 좀 더 자세하게 기록하였다.

　　포성이 진동하자 만수가 형세가 불리한 것을 알고, 문을
　　열고 우뚝 서서 큰 소리로 말하였다. "나는 한국의 독립군

이다. 국가와 민족을 위하여 일본 적과 사생결단하고자 하니, 중국의 군민軍民들을 다치게 하는 일은 결코 없을 것이다."

말을 마치고 몸을 돌려 안으로 들어오는데 구니요시 세이호가 경찰을 데리고 창槍(총)을 들고 곧바로 들어오는 것을 만수가 직접 발사하여 구니요시 세이호의 가슴을 정통으로 맞춰 바로 죽였다. 그러자 나머지 적들은 물러나 숨었다. 이 때 진사鎭使가 육군 한 개 소대를 더 파견하고는, 한 사람당 현상금 3백 원을 걸고 독려하여 유시酉時와 해시亥時부터는 철통같이 에워싸고는 5백여 발의 탄환을 난사하였으나, 기와와 벽이 견고하여 바로 무너지지는 않았으니, 이어 수창手槍(총)을 들고 안에서 응사하였다. 날이 밝자 적들이 지붕에 올라 기와를 부수고 구멍을 내서 폭탄 대여섯 개를 투척하고 사방에서 총탄을 쏟아지자 담벽이 마침내 무너졌다.

집 안에서 포성이 끊어지자 양쪽 군대가 일제히 들어가 살펴보니 세 사람은 이미 땅에 엎어져 있는데 살점이 흩어지고 피가 흥건하였다. 가슴에 각각 창흔이 있었으니, 이걸 본 사람들은 모두 스스로 자살하였다고 하였다. 그 때가 단기 4257년 4월 9일 오후 2시였다.

한국 독립운동가 세 사람이 중국군에게 살해되었다는 소식은 중국인에게도 충격을 주었다. 중국군을 비난하는 여론이 쏟아졌고, 그곳을 관할하는 길림성장吉林省長도 지금부터는 그런 일이 없게 하라고 명령을 내렸다. 또 직접 행정권을 가진 특별구행정장관特別區行政長官 주경란朱慶瀾은 소속 각 관청에 명령하여 "이번 일은 대단히 잘못된 것이니 앞으로는 그런 일이 없도록 특별히 주의하고, 조선사람 가운데 범죄자가 있거든 중국법률로써 할 것이요, 일본사람이 간여하는 일이 없도록 엄금하라."고 지시하였다.

이상룡은 뒷날 〈삼의사합전三義士合傳〉을 통해 길남장 병사 시절의 김만수에 대해 이렇게 회고하였다.

그때 동료 중에 무서武書를 아는 체하며 설명하기 좋아하는 자가 있었는데 그때마다 냉정한 말로 "위험을 무릅쓰고 적을 잘 죽일 수 있어야 진정한 군인이다. 자네가 말하는 것은 옛 사람들이 쓰던 찌꺼기일 뿐인데 어찌 쓸 만한 것이 많다고 하겠는가."라고 말을 잘랐다. 내가 마음속으로 그를 남다르게 여겼다.

그러면서 이상룡은 이들의 죽음을 '살신성인殺身成仁'으로 표현하였다. 그리고 "의義란 마땅함이니, 마땅히 없애야 할 것을 없앴다면 그 공로를 따지지 말고, 마땅히 죽어야 할 곳이라면 죽더라도 그 뜻을 바꾸지 않는 것, 이것이 의사義士됨"일 것이라고 평가하였다.

김만수와 류동범의 역사는 만주에서 길러낸 독립군의 열매 가운데 하나였다. 신흥무관학교나 길남장처럼 독립군을 기르고 자급자족 병영을 만들어 운영했던 초기 망명자들의 노력이 청산리전투에서도 결실로 드러났지만, 김만수의 투쟁과 같은 형태로도 나타났던 것이다.

11

국민대표회의에서 활약한
안동사람들

서로군정서가 앞장서서 대한통의부를 조직하여 남만주지역 독립운동계를 통합하던 무렵, 상해에서는 임시정부 존폐문제와 독립운동계의 대통합 문제를 논의하기 위해 독립운동 대표들의 모임이 추진되고 있었다. 임시정부가 국내 행정을 멀리서 원격으로 장악하기 위해 설치했던 연통제와 교통국 체제가 일제의 탄압으로 붕괴되는 바람에, 임시정부의 젖줄이 말라버렸다. 더구나 이를 만회하려고 상해를 방문했던 이승만 임시대통령이 목적을 이루지 못하고 미국으로 돌아갔고, 그가 다시 큰소리치고 기대를 걸게 만들었던 태평양회의는 한국문제와는 아무런 관련이 없었다. 이 난국을 이겨내고자 안창호安昌浩가 독립운동단체의 대표들로 구성되는 국민대표회의를 제안하고 나섰다.

1922년 말 나라 안팎에서 지역과 단체 대표들이 상해로
모여들기 시작했고, 마침내 1923년 1월 3일 회의가 시작되
었다. 여기에 참가한 안동사람으로는 서로군정서 대표 김동
삼, 한족회 대표 김형식, 길림교육회 대표 류시언, 그리고
시베리아지역 대표 김응섭 등이었다. 김동삼이 상해에 도착
한 소식을 1922년 12월 23일자 《독립신문》은 이렇게 소개
하였다.

> 서간도西墾島의 중진인물중重鎭人物中의   일인一人으로서
> 통의부統義府의 총장總長으로 피선被選되고 또 임시정부臨時
> 政府의 노동총판勞働總辦으로 추천推薦되었던 김동삼씨金東
> 三氏

이때 서간도에서 참석한 김동삼과 김형식의 활동이 두드
러진다. 김동삼은 《독립신문》 기자에게 국민대표회의를 유
일하고도 좋은 기회라고 평가했다. 그래서 충분히 토의하
여 바꿀 것은 바꾸고, 합할 것은 합하여 융화적이고 원만한
효과를 도모해야 한다고 방향을 제시했다. 그러면서 왜경
이 인명을 살해하고 중국 관군과 토비土匪가 출몰하여 약탈
하며, 동포 가운데서도 같은 동포에게 해를 주는 자가 있어

김동삼이 국민대표회의 의장에 당선된 사실을 보도한
《독립신문》 1923년 1월 31일자

불안한 남만주의 정황을 알렸다. 그는 해결 방안으로 군사
구軍事區와 민정구民政區로 구분해야 한다고 주장했다. 그래
야 일반 동포사회가 무너지지 않고, 그 바탕 위에 군사력이
유지된다는 것이었다.

국민대표회의에서 김동삼은 독립운동계의 최고 인물로
떠올랐다. 이 회의에서 의장으로 뽑힌 사람이 바로 김동삼
인 것이다. 부의장으로는 좌우파를 대표하여 윤해尹海와 안
창호가 선출되었다. 뿐만 아니라 김동삼은 군사분과위원으

__국민대표회의 문건

로도 활약했다. 서로군정서 대표로 참가했고, 대한통의부를
이끄는 최고 지도자였던 점이 고려된 것이다.

　류시언柳時彦은 류해동柳海東·김세진金世鎭으로도 불렸는
데, 하회마을출신이다. 길림교육회와 고려공산당에 가입하
여 활동하던 그는 국민대표회의에서 헌법개정위원과 교육
위원장으로 활약하였다. 그러다 군자금 모집 활동을 위해
나라 안팎을 드나들다가 일제에게 붙잡혀 5년 징역형을 받
고 3년 8개월 동안 옥고를 치르게 되는 인물이다.

　국민대표회의는 5월 15일까지 회의를 이어갔다. 이 회의

___1920년대 상해 전경

에서 대한민국 임시정부를 없애고 새로 세울 것인가, 아니면 적절하게 개조할 것인가를 둘러싸고 참가자들은 개조파와 창조파 두 계열로 나뉘게 되었다. 그러자 김동삼은 다른 문제들을 먼저 다루자며 분과별 회의로 방향을 돌리는 지혜를 발휘하기도 했다. 하지만 이 문제는 5월 들어 피해갈 수 없는 지경에 이르렀고, 끝내 두 세력으로 완전히 나뉘었다. 김동삼은 김형식과 함께 개조파에 손을 들었다. 두 가지 주장이 합치점을 찾지 못하고, 회의는 파국으로 치닫게 되자, 서간도지역 독립운동계는 대표들을 불러들이기로 결정했다. 이에 따라 김동삼과 김형식은 만주로 돌아섰다. 국민대표회의는 5월 15일 회의를 끝으로 사실상 결렬되고 말았다.

 창조파만이 남아서 6월 7일 비밀회의를 열어 국민위원회를 구성하고, 새로운 정부를 세우려고 나섰다. 여기에 김응섭이 참여하였다. 김응섭은 국민위원 33명 가운데 속할 뿐만 아니라, 신숙·김규식·윤덕보와 함께 4인으로 구성된 국무위원에 뽑혔다. 이들이 블라디보스토크로 이동하여 정부 수립을 선언하려 했지만, 러시아 정부가 인정하지 않는 바람에 실패하고 말았다.

 국민대표회의에서 안동사람이 보여준 지도력과 위상은 뚜렷했다. 김동삼과 김형식, 김응섭의 활동과 위상을 보면, 존재성이나 역할에서 두드러진 면모를 보였다. 더구나 통합을 지향한 김동삼의 노력은 참으로 돋보이는 것이었다.

12

정의부 조직하여
남만주 독립운동계를 통합하다

국민대표회의가 끝나던 1923년 여름, 만주지역 독립운동
계의 눈앞에 놓인 가장 큰 과제는 역시 통합 작업이었다.
독립군 단체들이 지리멸렬하여 도무지 갈피를 잡을 수 없던
처지였기 때문이다. 군사통일회의나 국민대표회의가 뚜렷
한 결실을 갖고 오지 못하자, 이상룡과 양기탁梁起鐸이 다시
군사력 통합을 추진하고 있었다. 여기에 상해를 다녀온 김
동삼을 비롯하여 안동사람들이 참가한 것은 당연하다.

상해를 다녀온 뒤, 김동삼의 위상은 한층 높아졌다. 독립
운동계를 대표하는 인사들 사이에서 의장을 맡았던 그였기
때문이다. 1923년 11월 화전회의樺甸會議가 열렸다. 김동삼
만이 아니라 이상룡도 여기에 참가하였다. 약 10일간 독립
운동계의 통일과 독립운동 전개방침에 대해 토의했다. 그

결과 다음의 사항을 결정하고, 남만주의 독립운동 통일을 기했다.

(1) 서간도의 군정서를 폐지하고 새로운 군정서를 조직하여, 그 아래에 자치회를 두고 재만 한인을 통치한다.

(2) 군정서 독판은 이상룡, 부독판은 여준, 정무청장은 이탁으로 하고 내무·재무·군무·법무·학무의 각 사장을 둔다. 액목·화전·반석·흥경현에 지회를 두고, 또 서간도의 통의부도 참가시키기 위해 김동삼 등 5명을 파견한다.

이 회의는 무력급진파와 민력양성점진파로 나누어져 날마다 논의를 거듭하였다. 회의가 연거푸 열렸지만 결실을 맺지 못하였고, 이후 그 과제는 전만통일회의주비회로 넘어갔다. 1924년 3월 하순 전만통일회의주비회가 조직되어, 이장녕이 회장으로 선출되었다. 7월 전만통일회의주비발기회가 열렸는데, 이때 남만주에서 활동하던 8개의 독립운동 단체가 참여하였다. 그해 10월 18일 11개 단체 대표가 모여 전만통일회의가 열렸는데, 통의부 대표인 김동삼이 의장에 뽑혔고, 김형식은 중앙행정위원이 되었으며, 이광민은 서로군정서 대표 자격으로 참여하였다.

1924년에 들어 독립운동 조직을 통합하는 시도는 속도를 내기 시작했다. 그 결실이 정의부正義府 결성으로 나타났다. 1924년 3월부터 만주에서 활약하던 독립운동세력을 묶어내기 위한 모임이 추진되었다. 마침내 7월 10일과 10월 18일 두 차례에 걸쳐 대표회의가 열렸다. 여기에 참가한 단체는 김동삼이 총장을 맡고 있던 대한통의부를 비롯하여 서로군정서 · 의성단義成團 · 광정단光正團 · 길림주민회吉林住民會 · 노동친목회 · 카룬자치회卡倫自治會 · 고본계固本契 · 대한독립군단 · 학우회 등이었다. 그리고 김동삼과 함께 참가한 대표들은 고활신 · 이진산 · 이천민(李光民) · 김호金虎 · 승진承震 · 최명수崔明洙 · 이승범李承範 · 윤하진尹河振 · 신형규辛亨奎 · 이장녕 · 김철 등 25명이었다.

이들은 1924년 11월 24일자로 통합을 세상에 알리는 〈선언서〉와 〈선서문〉을 발표하였다. 선서문은 전문前文과 공약 4개 항으로 구성되고, 전문에는 '정의부'라는 이름이 적혀 있다.

오등吾等은 민족의 사명을 수受하고 시대의 요구에 응하여 통일적 정신하精神下에서 정의부正義府를 조직하고 좌기左記 공약에 따라 광복대업을 완성하기까지 노력하기로 자

全滿同胞統一會

정의부를새로히조직

(전만동포통일회)

安昌浩氏

미국으로건너가

오래친부러남북만주(南北滿洲)
에잇는동포들은 통일덕으로 일
을진행하기위하야 전만통일회의
(全滿統一會)를모커여서개최하고
오래동안 의론하엿는데 그결과
로청의 뿌(正義府)라는것을조직
하고 모든것을 조직으로진행하
기도 하엿스며 집행하엿가위하
야는 아위원팔사람을선정하는대그
씨명은아래와 갓다더라
(상해특신)

李沰天 李岱山 金履大 ㄱ正

안창호(安昌浩)씨는 일천여원상해
를출발하야 미국(米國)으로향한
엿는데 미국에가서 오래잇지아
니하고 멧달뒤에 또다시 중국으
로돌아온다더라(상해특신)

징의부 조직(《동아일보》 1924년 12월 25일자)

에 선서함(밑줄-필자).

정의부라는 이름을 선택한 이유는 〈정의부 헌장〉에 적혀
있다. "본부는 인류평등의 정의와 민족생영民族生榮의 정신
으로써 광복대업을 극성克成함을 목적으로 한다."고 밝힌

것에서 그것이 드러난다. 인류평등의 정의와 민족생영의 정신으로써 조국독립을 완수한다는 취지에서 택한 이름이 곧 정의부였던 것이다.

이 정의부가 태어나는 데 결정적으로 기여한 사람이 바로 김동삼이다. 그가 의장으로 뽑혀 그 과정을 이끌었다는 사실만으로도 그러한 점을 충분히 짐작할 수 있다. 논의를 거쳐 조직을 구성하고 중앙행정위원과 분과위원을 선임하였다. 그 내용은 다음과 같다.

중앙행정위원

이탁 · 오동진吳東振 · 현정경玄正卿 · 김이대金履大 · 윤덕보尹德甫 · 김용대金容大 · 이진산 · **김형식** · 이청천

분과위원회

자치 : 이진산 · 맹철호孟喆鎬 · 최명수

군사 : 이장녕 · 조욱曹煜(曺成煥) · 김철

교육 : 이창범李昌範 · 고활신 · **김동삼**

재정 : 김호 · 윤덕보尹德甫 · 승진

생계 : 박정조朴正祚 · 김정제金定濟 · 백남준白南俊

김동삼

1924년 12월 25일 정의부가 결성되었다. 여러 단체의 통합을 위한 실무작업이 한 달 정도 걸린 끝에 정의부가 탄생하고, 다음과 같은 결의사항을 채택하였다.

첫째, 새로운 통합기구의 명칭은 정의부로 한다.
둘째, 지방의 치안유지를 위하여 무장대武裝隊를 둔다.

셋째, 통치구역은 당분간 하얼빈哈爾濱·액목額穆·북간
도의 선을 획劃하여 그 이남의 만주 전역으로 한다.

넷째, 세입歲入을 위해 매호每戶 연액年額 6원圓과 따로
소득세를 부과한다.

1920년대 만주지역의 대표적인 독립운동 조직인 정의부
가 탄생했다. 참의부·신민부와 더불어 만주지역 3부를 형
성한 정의부가 이렇게 태어난 것이다. 그 영역은 서간도를
중심으로 멀리 길림성과 흑룡강성지역 전체를 장악하는 것
으로, 한국인들이 머물던 만주지역 대부분을 포함하였다.
따라서 만주지역 독립운동계에서 차지하는 그 비중은 대
단히 컸다. 그곳에서 자신을 지켜내기 위해 무장부대를 운
영하고, 이에 필요한 재원을 마련하기 위해 소득세를 거두
었다. 이 점에서 정의부는 사실상 하나의 정부조직이었다.
1920년을 앞뒤로 서간도에 한족회와 서로군정서라는 민
정·군정 기능을 갖춘 준정부 조직이 있었듯이, 1924년에
는 정의부가 정부 조직체로 결성되었다. 행정과 의회 기능
을 가진 중앙행정위원회와 중앙의회가 그러한 모습을 보여
준다.

본부는 유하현 삼원포에 두었다. 신민회와 안동출신 인사

들이 독립군 기지 건설 대상지로 꼽던 약속의 땅이었던 삼원포, 그래서 1911년 경학사를 조직하고 신흥강습소를 만들었던 곳, 3·1독립만세 직후에는 한족회와 서로군정서를 설치했던 바로 그곳에, 이제 정의부를 세운 것이다. 정의부를 수립하는 과정에서 의장을 맡아 활약을 편 김동삼의 움직임과 위상은 만주지역 독립운동계를 대표하는 최고 지도자임을 보여주기에 조금도 모자라지 않았다.

김동삼은 정의부를 결성하는 과정에서 의장을 맡아 결정적으로 기여한 뒤에도 최고 지도부에서 전체를 이끌었다. 1925년 3월 7일 열린 제1회 중앙행정위원회에서 외무위원장을 맡았고, 이후 정의부의 핵심부에 포진하면서 업무를 이끌어 갔다. 1926년 11월 제3회 중앙의회에서는 그가 학무위원장을 맡았고, 1928년에는 교육위원장으로 바뀌었다.

김동삼이 버티고 선 정의부에 안동사람들이 대거 자리를 잡은 것은 당연한 사실이다. 함께 망명했던 집안 형 김형식은 외무위원장을 맡았다. 초기 직제에 잠시 등장한 간정원幹政院 비서장은 김동삼의 집안 동생이자, 금계마을출신인 김원식이었다. 간정원은 국무원에 해당한다. 김동삼과 함께 1919년 4월 10일 대한민국 임시정부 수립에 참가했던 안동 오미마을출신 변호사 김응섭은 판사출신이라는 점에서 중앙심판원 위원장으로 활약했다. 여기에 이상룡의 조카 이광민도 민사위원회 민사서무과주임위원을 거쳐 재무분과위원으로 활약하였다. 김원식이 법무위원장, 이광민이 재무위원장을 각각 맡기도 했다. 1928년 초에는 김동삼이 교육위원장을, 김원식이 내무위원장을 맡아 활약하였다. 최고 지도부는 빙산의 꼭대기마냥 극히 일부의 대표자만 드러나는 것이므로, 그 아래 수많은 안동사람들이 포진하고 있었다는 사실을 염두에 둘 필요가 있다. 김태규(군사분과위원)·이준형·김병대·김병만·김정묵·이원박·권태석·김우상金宇相(예안출신) 등이 그런 인물에 속한다. 안동사람들은 대부분 정의부에 속했지만, 간혹 다른 곳에 있는 사람도 있었다. 도산면출신 이기호李祁鎬는 독특하게 신민부에서 활약한 인물이지만 자료가 적어 구체적인 행적을 알 수가 없다.

　1925년 여름을 지나면서 정의부가 분란에 휩싸이는 일이 발생했다. 뒤에 다시 살펴보겠지만, 이상룡이 대한민국 임시정부 국무령國務領으로 선임된 것이 그 발단이었다. 국무령에 선임된 소식을 들은 이상룡이 고민 끝에 대한민국 임시정부를 살려야 한다고 판단하고 상해로 가서 국무령에 취임하였는데, 여기에서 문제가 일어났다. 정의부 안에서 반대 여론이 대두하고, 중앙집행위원회와 중앙의회 사이에 대

정의부 중앙행정위원의 변동

일시	결정 회의	변동내용	비고
① 1924. 11.	창립대회	위원장: 李鐸 생계: 吳東振, 교통: 尹秉庸 민사: 玄正卿, 법무: 李震山 학무: 金容大, 재무: 金履大 외무: **金衡植**, 군사: 李靑天	제1회 중앙행정위원회에서 추인.
② 1925. 3. 7.	제1회 중앙행정위	위원장 겸 민사: 李鐸 민사: 玄正卿, 학무: 金容大 외무: **金東三**, 재무·생계: 金履大 법무·외무대리: 李震山 군사·사령관: 李靑天	〈公報(임시제1호)〉(9.28)로 발표. 형식적인 조직개편 완료. 1회 중앙의회(7.15) 추인.
③ 1925. 10.	중앙행정위	金履大 → 金冠戒. 생계 → 재무: 吳東振 생계: 金冠戒	김이대는 상해《獨立新聞》을 발행하러 감.
④ 1926. 1. 14.	군민대표대회	위원장: 高豁信 위원: 金學善·金澤·吳大泳·金定濟	기존의 중앙행정위원은 모두 부인됨.
⑤ 1926. 5.	중앙행정위	金學善: 11일 취임. 金定濟: 사면	고활신·김학선만 재선.
⑥ 1926. 8.	제3회 중앙의회	吳大泳 → 李寬實·李東林	사령관: 오동진
⑦ 1926. 11.		위원상: 金履大 행정: 金學善, 민사: 高豁信 법무: **金元植**, 재무: **李光民** 군사: 吳東振, 학무: **金東三** 생계: 金鐵 순회행정: 康濟河·玄益哲·李旭	1927년 12월 오동진 체포 후 개편.
⑧ 1928. 초		위원장: 玄正卿 내무: **金元植**, 산업: 金圭東 교육: **金東三**, 외무: 金澤 재무: 玄益哲, 군사·군사령: 李靑天	

(신주백, 《만주지역 한인의 민족운동사(1920~1945)》, 아세아문화사, 2000, 89쪽)

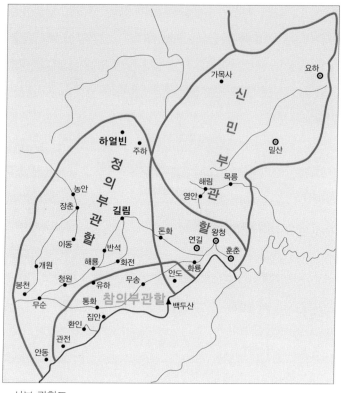

가목사

요하 ◎

신

민

하얼빈

주하

부

밀산 ◎

정

의

농안

관

해림

목릉

장춘

부

길림

영안

관

할

돈화

왕청

이동

반석

연길 ◎

훈춘 ◎

할

개원

해룡

화전

안도

화룡

봉천

청원

유하

무송

무순

통화

참의부관할

백두산

집안

환인

관전

안동

삼부 관할도

립이 생겨, 서로 불신임 결의와 의회해산으로 맞서는 사태
가 벌어진 것이다. 거기에는 두 가지 이유가 있었다. 하나
는 정의부 스스로가 남만주 한인사회를 장악하고 이끌어 가
는 통합정부라고 생각하는 것이고, 다른 하나는 중국 영역

안에서 한민족의 군대를 통합한 '통일 군정부'라는 자긍심
이었다. 더구나 대한민국 임시정부는 이름값도 제대로 해내
지 못하는 상황이므로, 거기에 최고 지도자 이상룡이 국무
령을 맡아 간다는 사실에 비교가 된 것이다. 이상룡이 상해
로 가서 국무령에 취임하고 내각을 구성했으나, 실제로 부
임하는 인물이 없었던 이유 가운데 하나도 이런 데 있었다.

1925년 말, 제2회 중앙의회가 중앙행정위원회에 대해 불
신임안을 제출하자, 중앙행정위원회는 이에 맞서 중앙의회
해산을 결정하고 총사퇴하게 되었다. 이런 형편에 1926년
10월 10일자로 임시정부의 국무위원으로 선임된 김동삼마
저 선뜻 상해로 부임할 수는 없었다. 더구나 10월 24일부터
11월 9일까지 열린 제3회 중앙의회에서 김동삼이 중앙위원
장에 선출되었으니, 이상룡이 상해에서 불러도 도저히 갈
수가 없었던 것이다.

징의부는 북만주 하얼빈 근처에 안동사람들의 정착촌 건
설에 신경을 썼다. 이는 정의부 차원에서 북만주 안전지
대에 농장을 건설하는 일이기도 했지만, 1923년 상해에서
《독립신문》 기자에게 김동삼이 밝혔던 군사구와 민정구 구
분 정책이 실천으로 옮겨지고 있던 내용이기도 하다. 그곳
은 동포들의 정착촌이자, 독립군의 지원처였다. 그러한 노

취원창 지도(위), 취원창 거리(아래)

력의 결실은 1924년에 취원창聚源昶농장으로 나타났다. 취원창은 하얼빈에서 동쪽으로 70여 리, 자동차로 한 시간 정도 걸리는 곳이다. 지금은 거원진亘源鎭이라 불린다. 취원과 거원은 중국 발음으로 같다. 취원창 동쪽을 흐르는 비극도강蜚克圖江은 아성현阿城縣과 빈현濱縣을 구분하는 경계인데, 양쪽을 함께 막아서 보를 만들고 그 도랑을 동서쪽으로 각각 만들어, 동쪽에는 하동농장, 서쪽에는 하서농장을 개간했다. 이를 하나로 묶어 취원창농장이라 불렀다. 취원창은 1924년부터 1934년까지 10년 동안 동포사회의 거점이 되었고, 250호 정도가 거주할 정도로 커졌다. 뒷날 해방 무렵에는 4백호 넘는 규모가 되었는데, 동포들이 250~300호 정도나 살았다.

이 사업에 나선 주역은 김형식이다. 그는 그곳에 학교를 세우고 교장을 맡았다. 그의 종질인 김문로가 하서농장의 흥농회장을 맡았고, 김문로의 막내 동생 김천로도 힘을 보탰다. 여기에 이광민의 역할도 컸다. 취원창은 그렇게 안동사람들이 정착한 새로운 기지였다. 뒷날 이상룡을 비롯한 안동사람들의 묘소가 이곳에 여럿 들어서게 된 까닭도 여기에 있다.

13

대한민국 임시정부 국무령,
이상룡

    남만주에서 최고 지도자로 부지런히 움직이고 있던 이상 룡에게 임시정부가 국무령으로 취임해 달라고 사람을 보내 왔다. 1925년 이유필李裕弼이 임시정부의 특사로서 그를 찾 아온 것이다. 임시정부의 최고 직책은 임시대통령이었다. 그런데 초대 임시대통령 이승만이 제 몫을 해내지도 못하면 서 직책에서 물러나지 않고 임시의정원과 충돌만 거듭하니, 끝내 임시의정원이 그를 탄핵하고 말았다. 그리고서 제2대 임시대통령으로 박은식을 선출하였는데, 박은식은 취임하 자마자 헌법 개정에 나서 대통령제를 폐지하고 내각책임제 로 바꾸어 최고 지도자를 국무령으로 고쳐 놓고 물러나자마 자 사망하였다. 따라서 임시정부는 초대 국무령을 추대하려 고 사람을 찾아 나섰고, 이상룡이 가장 합당한 인물로 천거

된 것이다.

1923년 5월 국민대표회의가 결실을 거두지 못하고 흩어진 뒤, 대한민국 임시정부는 해결책을 찾느라 온 힘을 쏟았다. 초대 임시대통령 이승만이 걸림돌이라고 판단한 임시의정원은 끝내 그를 탄핵하였다. 정부 운영에 도움을 주지 못할 정도가 아니라 방해가 된다고 생각한 것이다. 이승만을 몰아낸 뒤 대한민국 임시정부는 박은식을 제2대 임시대통령으로 뽑고, 바로 이어서 헌법을 개정하는 작업에 들어갔다. 대통령이라는 독재권력 직책을 없애고, 그 대신 나랏일을 책임지고 봉사할 자리를 만들고자 방안을 찾았다. 그래서 권력을 휘두르는 대통령이 아니라 국보國輔라는 이름도 검토되었다. 그러다가 선택된 명칭이 '국무령'이었다. 이것은 내각책임제의 수상首相에 가깝다.

대한민국 임시의정원은 개정 헌법에 따라 국무령을 선출했다. 거기에 뽑힌 주인공이 바로 이상룡이었고, 그를 힘껏 천거한 인물은 안창호였다. 당시 미국 동포들을 방문하고 있던 안창호는 1925년 1월 이유필과 조상섭趙尙燮에게 보낸 편지에서, 다음과 같이 자신의 뜻을 밝혔다.

임시정부 명의를 존속하기 위해서는 백암 선생이나 기타 누구든지 백암 선생과 같지 않더라도 인애仁愛하는 덕德이 있는 이면 만족하고, …… 박은식 선생이나 이상룡 선생 같은 이를 두령頭領으로 추대하는 것이 좋을까 합니다.

안창호는 이승만의 후임으로 박은식과 이상룡을 추천하였다. 즉 정의부의 중심인물로 만주 독립운동세력 안에서 큰 영향력을 행사하고 있던 이상룡을 임시정부 국무령으로 앉힘으로써 정의부와의 통합을 기대했던 것이다.

이상룡은 1925년 7월 7일 임시헌법 제13조에 의거하여 임시의정원 회의에서 국무령으로 뽑혔다. 이에 그는 조카 이광민과 함께 1925년 8월 하순 반석현을 출발하여 9월 17일 상해에 도착하였다. 9월 22일 50여 명이 모인 청년동맹회의 환영회에 참석하였으며, 9월 23일 삼일당三一堂에서 국무령 취임식을 거행하였다.

취임 후 10월 10일 임시의정원에서 이탁·김동삼·오동진·이유필·윤세용·현천묵·윤병용·김좌진을 국무원으로 임명했다. 남북만주 3부의 요인을 거의 망라했을 뿐만 아니라, 출신지를 헤아려 평안·함경도의 서북은 말할 것 없고 기호와 영남출신의 인물들을 아울러 포함한 구성이었다. 그러나 임명된 국무원들이 취임하지 않음으로써 내각 구성 자체가 불가능해졌으며, 상해 독립운동가들의 갈등으로 말미암아 12월 쯤 북경으로 옮겼다가 다음 해 2월 국무령에서 면직되었고 만주로 돌아왔다. 이상룡은 자신의 뜻대로 되지 않자 만주로 발길을 되돌리면서 이렇게 적었다.

> 내가 늙은 몸으로 헛된 명예에 몸을 굽히는 것은 절대 내 평소의 바람이 아니다. 그래도 이번에 몸을 한 번 움직인 것은 각각의 의견들을 조정하여 통합하기 위한 것이었는데, 지금은 이미 그럴 가망이 없으니, 내 어찌 여기에서 지체하랴.(〈석주 행장〉)

　그는 당초 만주를 떠날 때 이미 그럴 가능성을 짐작했다. 그가 상해로 출발하기 앞서 여준에게 보낸 편지에 "부득이 한 번 가서 곧바로 사퇴하고 돌아올 작정입니다."라고 밝힌 점을 보면, 임시정부에 가서 최선을 다하겠지만, 상황이 어려우면 곧 돌아오겠다는 뜻을 미리 작정했던 것이다. 나라를 되찾겠다고 망명한 그로서, 임시정부에서 최고 직책을 맡아 달라고 부탁하는데 이를 끝내 뿌리칠 수는 없고, 그러나 한계가 눈앞에 보이니, 자신의 길을 깊이 번뇌하며 선택하던 모습을 짐작할 만하다.

　이상룡은 1926년 2월(음) 화전현으로 돌아왔다. 그의 나이 만 69세이니, 이제는 독립운동의 일선에서 한 발짝 물러설 때도 지났다. 그래서인지 그 뒤로는 활발한 활동을 펼치기보다는 큰 어른이자 지도자로서 물러나 있게 된다. 국무령으로서 뚜렷한 업적을 이루지 못하고 돌아온 뒤의 회한도 작용했을 것이다. 그러나 이상룡은 "광복의 대사大事는 우리가 어찌 감히 잊으리오. 민중이 자각하고 이에 운이 도래하는 시기에 이르러, 수치스러운 지志를 씻고 나쁜 생각을 호미질할 것이다."라면서, 독립운동계의 어른으로서 자신의 위상을 지켜나갔다.

14

사회주의 접목과 농민 보호

1) 한족노동당과 남만청년총동맹

김응섭은 1923년 국민대표회의에서 임시정부 창조파에 가담하여 블라디보스토크로 이동했다가 다시 서간도로 와서 길림성 반석현에 터를 잡았다. 이곳은 안동을 비롯한 경상도출신 인물들이 많이 살던 곳이다. 그는 이곳에서 1923년 8월 한족노동당 발기대회를 열고, 1924년 봄에 금계마을출신 김원식과 함께 한족노동당을 정식으로 발족시켰다. 중국국민당처럼 정당을 만들어 나라를 다스린다는 이당치국以黨治國 체제를 따라 한족노동당을 만든 것이다. 공장도 없는데 무슨 노동당이냐고 할 수 있겠지만, 이들이 말하는 노동자는 사실상 소작농민을 일컫는 것이었다.

창립총회에서 위원장으로 선출된 김응섭은, 1925년 11월 정기총회에서도 상무집행위원장 겸 서무부위원에 뽑혔

_ 김응섭

다. 한족노동당은 기관지로 《노동보勞動報》에 이어 《농보農報》를 발간하였는데, 중앙집행위원장인 김응섭이 사장을 겸임하였다. 김응섭이 최고 지도자로 자리를 잡은 것이라 할 수 있다. 만주에 터를 잡은 지 얼마 지나지 않아 이렇게 단단한 위상을 가지게 된 요인은 분명하지 않다. 다만 국내에서 이미 변호사로 활동하고, 대한민국 임시정부 법무차장에 잠깐 올랐다가, 다시 국민대표회의에서 창조파가 내세웠던 정부 조직에 국무위원으로 뽑혔던 전력으로 보아, 그의 위

김응섭 생가(오미마을)

상이 그리 만만한 것은 아니었다. 더구나 변호사출신으로서
이론과 조직력에 사회과학적 사고틀을 갖고 있던 것이 주된
무기가 아니었을까 짐작된다. 그러한 사고틀이 마침 만주로
불어 닥친 사회주의 바람을 받아들이면서 한족노동당을 이
끌어 간 것이라 생각된다.

한족노동당이 출발할 때부터 사회주의 성향을 띤 조직은
아니었다. 하지만 1924년 여름부터 만주 고려공산청년회가
반석현 일대로 진출하면서, 1925년 무렵부터는 사회주의로

전환하기 시작했다. 김응섭은 그 조류를 적극 받아들여 한
족노동당을 사회주의 조직으로 변화시켜 나갔다. 김응섭 스
스로 조선공산당 만주총국 간부를 맡았고, 1925년부터 한
족노동당은 만주 고려공산청년회가 주도하던 남만청년총동
맹과 긴밀한 관계를 갖고 움직였다. 이러한 흐름은 1926년
에 한족노동당과 조선공산당 아래 고려공산청년회가 밀접
하게 교류하는 것으로 이어졌다. 한족노동당은 남만지방에
서 사회주의운동 내지는 그 세력 가운데 하나인 ML파의 영
향력이 확대되면 될수록 그 영향력 속에 들게 되었다.

그가 한족노동당을 만든 시기에 남만주지역은 정의부의
관할 구역이었고, 따라서 안동사람들이 여기에 대폭 참여하
였다. 김동삼 · 이광민 · 김원식 등 안동출신 인사들의 핵심
이 여기에 참가했다. 어찌 보면 새로 나타난 인물이 영역을
만들고 확대시켜 나가면 갈등이 생길 법도 하다. 실제로 연
구자들은, 정의부와 한족노동당의 관계에 대해, 경쟁과 갈
등의 구도로 이해하기도 한다. 한족노동당이란 것이 정의부
영역에 뛰어 들었으니, 더구나 정의부는 만주지역 대표적인
독립운동 단체들의 통합체요 정부조직체로 인식하던 터였
다. 그래서 한족노동당의 등장과 성장, 게다가 사회주의로
의 전환 등은 모두 껄끄러운 일일 수 있다. 그럼에도 김동

삼을 비롯한 안동사람들이 양쪽 모두에 참가하고 있던 장면을 눈여겨볼 필요가 있다.

이상룡이 이미 마르크스주의조차 유학의 대동사회大同社혈와 비교하여 받아들인 정황이었으므로, 안동출신 인사들은 이념적 갈등을 별로 가지지 않았다. 한족노동당의 성립과 이념적 변신에 대해 특별하게 부딪칠 이유가 없었다. 이상룡의 조카 이광민이나 손자 이병화가 여기에 뛰어든 것도 어쩌면 당연한 일인지도 모른다. 이런 정황은 1920년대 후반에 들면서 불거지는 좌우라는 두 개의 판이 부딪칠 때, 이를 극복하려는 통합운동, 통일운동에 안동사람이 앞장서는 현상으로 자연스럽게 연결된다.

한족노동당이 만들어지던 1924년, 그해 12월 반석현에서 만주 고려공산청년회가 주도하여 남만청년총동맹이 조직되었다. 앞에서 봤듯이 김응섭도 여기에 발을 디뎠다. 남만청년총동맹은 "철저한 계급적 의식을 가지고 합리적인 새 사회를 건설할 것"을 강령으로 삼았다. 그때 동포사회의 실정을 헤아려서 《노동초등독본》을 발행하여 농촌문맹자들을 교양하고 농민들을 투쟁의 무대로 불러 들였다. 이 조직에 등장하는 안동출신 인물로는 이광국이 떠오르기 시작했다. 검사위원으로 활동하던 그는, 이상룡의 둘째 동생인 이봉희

이광국

의 둘째 아들이다. 그가 1909년생이니 형인 이광민보다 14세 아래 동생이다. 형이 김동삼을 도와 통의부에서 정의부로 이어지는 활동을 벌이고 있을 때, 망명 2세대인 그는 남만청년총동맹에 발을 디디면서 청소년기에 일찍부터 민족과 계급문제에 부딪치기 시작했다.

2) 조선공산당 만주총국과 안동사람들
안동사람들이 주로 활동했던 초기 독립운동의 무대는 남

만주의 서간도지역이었다. 그러다가 1920년대 후반이 되면서 점차 북만주로 북상하는 인물이 생겼고, 마침 사회주의가 확산되면서 지역에서 그 사상과 운동에 뛰어드는 인물도 나왔다. 1926년 5월 16일 주하현珠河縣 일면파一面坡에서 조선공산당 만주부를 만주총국으로 개편하였다. 화요파의 조봉암이 책임비서를 맡았고, 청송출신이자 상해파인 윤자영이 상무집행위원이 되었는데, 총국위원에 안동출신인 이동산(권정필)과 김응섭이 들어 있었다. 이때 만주총국의 총부를 영안현寧安縣 영고탑寧古塔에 설치하였다. 조선공산당 만주총국은 고려공산청년회 만주조직의 결성과 강화를 위해 노력하였다. 이들 당과 고려공산청년회는 청년단체와 농민단체를 조직하고 관리하는 데 힘을 기울였다.

조선공산당 만주총국에 이름이 오르내린 안동사람을 보면 누구보다 먼저 김응섭이 눈에 띈다. 이 무렵 남만주 반석현에서 한족노동당을 결성한 그가 바로 이어서 만주총국의 간부진 명단에도 등장하는 것이다. 또 한 사람은 정재윤鄭在潤으로 알려진 안기성安基成인데, 권오설과 같은 안동 풍천면 가일마을출신이다. 걸었던 노선도 김재봉이나 권오설과 같은 화요파에 속했다. 안기성은 만주총국 동만구역국 책임비서였고, 그 아래 용정과 훈춘 등 10개 지부를 두었

안기성   권정필

다. 그가 이끌던 동만구역국은 1927년 10월 서울에서 진행
되던 조선공산당 공판의 공개를 주장하는 항의문을 뿌리고,
북간도에서 대규모 항일 시위운동을 계획했다. 그러나 간도
일본영사관 경찰이 미리 알아채고 탄압하는 바람에 실패했
고, 용정 일대에서 핵심인물이 붙잡혀 국내 감옥에 투옥될
때, 안기성도 붙잡혀 고생하게 되었다. 이것이 '제1차 간도
공산당사건'으로 알려진 것이다. 이 사건으로 화요파는 큰
타격을 받았다.

　이밖에도 여기에 참가한 안동사람은 여럿 있다. 이동산李
東山으로 알려진 권정필權正弼은 안동시내 율세동출신인데,

의열단에 가입한 뒤 국내로 잠입하여 군자금을 모금하였고, 1923년에는 '황옥사건'으로 알려진 무기반입에 참가하기도 했다. 그가 만주총국에 참여하여 아성현 해구와 취원창 일대에서 활약하였다. 남만청년총동맹 간부로 활약하던 이광국이 만주총국에 가입하여 활동한 곳도 바로 취원창이었다. 이광국은 1930년 5월 1일 하얼빈 일본총영사관 습격에 참가한 50여 명의 청년 가운데 한 사람으로 일제에 붙들려 고생하였다. 또 뒷날 동북항일연군으로 활동하게 되는 안동 풍천출신의 류만희(류영준)도 이 무렵 모습을 드러내기 시작했다. 와룡 가구리출신 안상훈은 돈화현에서 당조직을 발전시키고 농민운동을 펼쳤다. 고려공산청년회에서는 도산면 출신이자 신민부 소속이었던 이기호가 활동했고, 이상룡의 손자 이병화는 재중국조선인청년동맹의 간부로, 권태석은 북만조선인총동맹에서 활동했다. 이밖에도 이성철李聲澈(李元東·李允松)·류진걸 등의 움직임도 나타났다.

3) 농민호조사와 김동삼

정의부에서도 농민조직을 만들었다. 김동삼이 앞장서서 농민호조사農民互助社를 조직하고 나선 것이다. 김동삼을 비롯하여 김이대·현정경 등 정의부 간부 30여 명이 참가한 가운데, 1927년 4월 1일 길림성 동대문 밖 대동공사大東公司에서 발기회가 열렸다. 이처럼 농민조직을 별도로 만든 데에는 두 가지 이유가 있었다. 하나는 중국 관리들이 눌러오는 압박을 해결하는 것이다. 그래서 중국 관리들과 협상을 벌인 끝에 1919년부터 이종대李鍾岱가 길림성 영길현永吉縣에 땅을 빌려 개간해 오던 신안촌농장新安村農場을 한인 집단농장으로 확대 개발하는 데 합의하였다. 또 하나는 김응섭이 반석현과 길림현을 중심으로 한족노동당을 조직하여 농민들을 장악해 나가는 것과 같은 방법을 적용한 것이기도 하였다. 여러 지역에 농민조합과 농업공사를 설립하여 정의부 소속 농민들을 안정시키고 발전시키려 노력한 이유도 거기에 있다.

농민호조사의 취지는 대체로 만주에 이주한 농민의 생활이 비참하니 이를 구조하고 안정시켜야 한다는 데 있었다. 이를 위해 세 가지 방안을 세웠다. 생산 증가, 교육 발전, 위생 보건 수호 등이 그것이다. 그런데 이를 혼자 힘으로 실현할 수 없으므로 단체를 구성하여 협동해야 한다는 것이 이를 추진한 이유였다.

농민호조사 발기인에는 김동삼과 김원식을 비롯한 정의부 핵심인물이 포진했다. 특기할 만한 사실은 안창호가 가담한 것이다. 안창호는 1925년부터 만주에 대농장, 이상촌을 건설하겠다는 계획을 세우고 자금을 모으고 있었다. 약 2만 원을 확보한 안창호는 사람을 보내 토지를 확인하고, 액목현 교하를 지목하고 있다가, 마침 1927년 초 길림성에 도착하여 정의부 간부들과 협의하였다. 그런데 바로 이 자리에서 많은 지도자들이 중국 관헌에 붙잡혀 구금되는 사건이 터졌다.

대동공사에서 5백여 명이 참가한 가운데 안창호의 강연회가 열렸다. 이를 탐지한 길림성 주재 일본영사관이 중국 측에 강력하게 검거를 요구하는 바람에 김동삼과 안창호를 비롯한 175명이 붙들려 갇히는 사태가 벌어졌다. 이 가운데 133명은 곧 풀려났으나, 김동삼·안창호·오동진 등 42명은 금방 석방되지 못했다. 일제가 이들을 넘겨달라고 강력하게 요구하면서 최악의 위기가 눈앞으로 닥쳐왔다. 그러자 만주만이 아니라 대한민국 임시정부를 비롯한 모든 지역의 동포 지도자들이 나서서 구명운동을 펼쳤다. 그 덕분에 이들은 21일 만에 모두 풀려날 수 있었다. 그렇게 나온 안창호가 제안하고, 정의부 간부들이 동참하고 나선 것이 바로 농민호조사였던 것이다.

15

좌우를 넘어 통합을 향해

1) 유일당운동과 3부 통합회의

독립을 달성하려면 무엇보다 먼저 독립운동 역량을 합쳐야 했다. 그러자면 남북만주에서 활동하고 있던 정의부·참의부·신민부 등 3부를 통합하는 일이야말로 가장 중요한 과제였다. 마침 중국 관내지역에서 시작된 유일당唯一黨운동이 3부 통합운동의 계기로 작용하기 시작했다.

유일당운동은 독립군 단체 위에 '유일'한 하나의 지도 정당을 만들고, 그것을 중심으로 독립운동을 펼치고 정부를 운영하자는 것이다. 이것은 한창 벌어지던 이념적인 분화를 극복할 수 있는 길이기도 했다. 1926년 10월 안창호와 원세훈이 북경에서 대독립당촉성회를 조직한 뒤에 상해와 남경, 그리고 무한과 광주로 확산되어 갔고, 국내에서도 이듬해 2월 신간회가 조직되었다. 그런 분위기에서 만주지역의 유일당운동이 펼쳐진 것이다. 더구나 독립운동계를 통합하기 위해 동분서주하던 안동출신 지도자들이 그 흐름에 앞장선 사실은 달리 더 말할 필요가 없다.

이를 위한 첫 모임은 1927년 4월 15일부터 나흘 동안 길림 남쪽 영길현 신안툰新安屯의 길흥학교吉興學校에서 열린 전만독립운동단체통일회의였다. 안창호가 강연회를 열고, 검거소동이 일어난 뒤였으니, 이 모임도 안창호의 영향이 미친 셈이다. 여기에 참석한 인물로는 김동삼을 비롯하여 오동진·고활신·현정경·현익철 등이다. 안동사람으로는 정의부 중앙위원 김동삼, 정의부 간부 이광민·김원식, 그리고 한족노동당 대표 김응섭이 대표적이다. 그러나 실제 통합을 위한 논의 과정은 쉽지 않았다. 3부의 차이만이 아니라 좌우 이념의 골은 깊었고, 이를 극복하기 위해서는 상당한 준비가 필요했던 탓이다.

이에 김동삼은 강력한 '준정부' 조직인 3부를 통합해 내는 것이야말로 가장 빠른 방법이라고 생각했다. 그래서 그는 김원식과 더불어 이를 해결하기 위해 앞장섰다. 1928년 4월 북만주로 올라가 신민부를 방문하고, 3부 통합의 필요성을 역설했다. 신민부 간부들과 마주앉은 자리에서 김동삼은 3부의 군부가 통합하지 않으면 안 된다고 다음과 같이 말하였다.

> 광복의 제일요第一要인 혈전의 숭고한 사명 앞에는 각개
> 의 의견과 고집을 버려야 할 것이며, 독립군이 무장하고 입
> 국하여 광복전光復戰을 수행하기 전에 3단(3부-필자 주) 군
> 부가 합작하지 않으면 안 된다. 합작은 지상명령至上命令이
> 니 여하한 장해가 있더라도 합작하여야 한다(밑줄-필자).

그가 주장하는 핵심은 독립을 달성하자면 독립군이 무장
하여 광복전쟁을 벌여야 하고, 그러자면 우선 3부가 거느린
군부를 통합해야 한다는 것이다. 또 그렇게 하자면 가장 먼
저 각 세력이 가진 의견과 고집을 버리지 않으면 안 된다는
것이다. 이 발언은 3부의 군사기관을 통합하려는 김동삼의
의지를 잘 보여준다.

드디어 3부를 통합시키기 위한 회의가 열렸다. 1928년 5
월 12일부터 26일까지 세 차례 열린 회의에 18개 단체 대
표가 참석하였다. 김동삼을 비롯하여 현정경·현익철·이
청천·이규동李奎東 등 39명의 대표들이 모였고, 마침 상해
에서 이상룡의 뒤를 이어 국무령에 올랐던 홍진洪震(洪冕熹)
과 북경에서 유일당운동에 앞장서던 박건병朴健秉도 방청객

으로 참석했다. 여기에 참석한 안동인물로는 김동삼과 김원식을 비롯하여 류연덕·류세진·이덕숙·이병화·이준형·김응섭 등이 있다.

이들은 일제의 감시망을 따돌리기 위해 화전樺甸과 반석盤石을 오가면서 회의를 가졌다. 1차 회의는 화전현 화흥학교, 2차 회의는 반석현 호란창자, 마지막 회의는 반석현 남문 밖 대동농장에서 열렸다. 마지막 회의에서 김동삼은 현정경·현익철 등 20명과 함께 집행위원으로 선출되었다. 전민족 유일당을 조직하기 위한 노력이 한 걸음씩 나아가고 있었던 것이다. 하지만 이 회의는 통합의 방법에 이견을 보이면서 두 가지 주장으로 나뉘기 시작했다.

유일당을 조직하는 방법에 대한 생각은 서로 너무나 달랐다. 당시까지 이끌고 온 조직들을 바탕세력으로 삼으려는 그룹과, 지난 시절 가진 기득권을 없애고 맨 바탕에서 새로 구성하자는 그룹으로 나뉜 것이다. 사실 이러한 분립 구도는 크게 볼 때 정의부와 ML파의 대립이다. 정의부 다수파가 단체본위로 민족 유일당 준비조직을 결성하자고 주장하자, ML그룹은 이에 반대하여 개인본위로 중앙집권적인 성격의 민족 유일당 준비조직을 결성하자고 주장하였다. 단체본위냐 개인본위냐는 것이 가장 큰 걸림돌이었다. 단체본위라는 것은 지금까지 활동해 온 단체를 가지고 통합하자는 주장이고, 개인본위는 아예 기존 단체와는 관계없이 모두 각자 개인별로 헤쳐 모이자는 것이다.

간단해 보이는 이 문제는 사실 심각한 것이었다. 20년 가까이 만주지역에 뿌리를 내리고 틀을 갖추어 왔던 세력이 있는 반면에, 바탕이 약한 신생 단체도 있기 때문이다. 역사와 전통을 가진 단체는 단체 중심으로 가야 기득권을 유지할 터이고, 신생조직들은 그러한 기득권을 인정하지 않고 합쳐야 자신의 몫을 더 챙길 수 있기 때문이다. 이렇다면 안동사람들은 망명하고 버텨온 역사로 보아 당연히 기득권을 누릴 수 있는 단체본위 조직론에 참가할 수밖에 없지 않은가. 그런데 여기에서 예상과는 완전히 다른 현상이 나타났다. 안동사람들이 대거 개인본위 조직론을 찬성하고 나선 것이다.

단체본위 주장자는 '전민족유일당조직협의회'(이하 협의회)로, 개인본위 주장자는 '전민족유일당조직촉성회'(이하 촉성회)로 나뉘었다. 정의부처럼 만주사회의 주류에 속하는 조직은 단체본위 조직론을 주장하는 협의회에 속하는 것이 당연하다. 그런데 김동삼을 비롯하여 안동사람들은 그런 상식과 반대로 개인본위 조직론을 주장하는 촉성회 쪽에 섰다.

이는 안동사람들이 소속 단체 정의부의 다수 의견과 다른 목소리를 냈다는 뜻이다. 만주에 망명하여 15년 넘게 핵심 세력으로 활약해 온 이들이 여기에서 주류를 벗어나는 선택을 내놓은 것이다. 왜 이런 일이 벌어졌을까. 기존 단체를 그냥 두고 통합한다면, 완전한 통합체를 만들어 낼 수 없다는 것이 김동삼을 비롯한 안동사람들의 판단이었다. 더욱이 정의부가 지나치게 주도권을 행사한다는 불만이 참의부와 신민부에서 터져 나오는 상황에서 그냥 정의부를 유지하면서 통합을 논의한다는 것은 사실상 불가능한 일이라고 여겼기 때문이다. 기득권을 잃거나 포기하지 않으면 큰 틀의 통합은 일궈낼 수 없다는 판단인데, 이 논리를 이끌어 간 인물이 바로 김동삼이다. 그래서 그를 큰 틀에서 이해하고 평가하는 것이다. 한편 김응섭이 몸담은 한족노동당의 후신인 재만농민동맹은 ML파의 외곽단체이므로 당연히 촉성회에 가담했다.

1928년 8월부터 9월 사이에 정의부는 길림성 동향수하자에서 제5회 정기 중앙의회를 열고 촉성회를 부인하고 협의회를 지지하기로 결의했다. 그러자 김동삼을 비롯하여 김원식·이청천·김상덕·이종건·이규동 등은 정의부를 탈퇴하였다. 정의부는 안동사람들이 만주로 망명한 뒤에 만든 조직 가운데 가장 완성도가 높은 것이었다. 정부조직체 성격을 가져 민정과 군정 기능을 모두 갖추었다. 만주지역 독립운동계에서 정의부는 주역 가운데 주역이었다. 그런데 김동삼을 비롯한 안동사람들은 여기에서 뛰쳐나왔다. 앞에서도 말한 것처럼, 기득권을 버리고 나온 가장 큰 이유는 협의회보다는 촉성회 쪽 논리가 독립운동세력의 통합에 적절한 길이라 판단되었기 때문이다. 한 마디로 줄이면, 진정한 통합을 이루자면 기득권을 가진 쪽에서 포기해야만 가능하다고 판단한 것이다. 고향을 떠나올 때도 기득권을 버리고 왔듯이, 이곳에서 20년 가까이 닦고 쌓아온 기득권을 역시 버리고 통합운동에 나선 것이다.

김동삼은 9월 길림성 신안으로 가서 다시 3부 통합을 시도했다. 그는 김좌진·심용준과 함께 이 문제에 매달렸다. 하지만 이마저도 결실을 거두지 못했다. 결국 이 회의도 3부 사이의 의견 차이만이 아니라, 정의부의 주도력 고수, 신민부의 군정파와 민정파의 의견 충돌, 참의부의 내분 때문에 원만하게 합치점을 찾을 수 없었다. 더구나 동포들의 귀화와 자치운동이 펼쳐지던 당시, 그 방법을 둘러싸고서도 의견을 통일하지 못했다.

2) 혁신의회와 한족총연합회

　김동삼·김원식 등 안동사람들은 촉성회 계열을 이끌고 새로운 조직에 착수했다. 1928년 12월 하순 조직한 혁신의회革新議會가 그것이다. 이를 논의하던 곳이 바로 길림성 안에 있던 김응섭의 집이었다. 안동 풍산 오미마을출신으로 한족노동당을 만들어 반석현 일대에 활동의 교두보를 확보한 김응섭 집에 모여 논의를 가졌다. 여기에 김동삼만이 아니라, 함께 정의부를 뛰쳐나온 김원식·김상덕·이청천계에다가, 신민부의 김좌진·황학수·김시야金時野·최호崔灝·정신鄭信 등 군정위원회 측, 참의부의 김희산金希山·김소하金筱廈 등과 힘을 합쳤다. 이렇게 조직된 혁신의회는 군정부를 세우는 데 목표를 두었다. 따라서 어디까지나 혁신의회는 군정부를 세울 때까지 한시적인 조직으로 성립되었고, 그 기간을 1년으로 잡았다. 목표를 향해 가면서, 이들은 먼저 유일대당唯一大黨을 만드는 것을 돕고, 군사문제를 풀어 가면서 적 세력의 침입을 막아낼 것, 합법적인 중국 지방자치 기관을 조직할 것 등을 우선 사업으로 잡았다.

　혁신의회 최고 지도자로서 안동사람들의 위상은 뚜렷했다. 김동삼이 의장을, 김원식이 중앙집행위원장을 맡았다. 그밖의 주요 직책을 보면 황학수가 군사위원장, 이청천이

革新議會 결성 소식을 보도한 《중외일보》 1929년 3월 22일자

군사위원, 김승학이 민족위원장을 각각 맡았다. 혁신의회가 장악한 행정구역은 본래 참의부 관할지대를 남일구南一區로, 정의부가 관할하던 지역을 중일구中一區, 신민부지역을 북일구北一區로 나누어, 만주 전역을 통합하게 하였다. 이처럼 조직과 지역을 정비한 뒤, 혁신의회는 친일파를 찾아내고 숙청하는 데 힘을 쏟았다. 그 결과 1929년 해체될 때까지 선민부鮮民府와 한교동향회韓僑同鄕會 등 일제에 붙어 살아가는 기관들을 부숴버릴 수 있었다.

혁신의회의 목표는 어디까지나 독립운동을 이끌어 나갈 유일당을 조직하는 것이었다. 이를 위해 '민족유일독립당재만책진회'를 조직하고, 총괄하는 직책인 중앙집행위원장에 김동삼을 선임하였다. 중앙집행위원에는 김좌진과 전성호 全盛鎬 등도 선출되었다. 그런데 워낙 넓은 지역을 관할하고 통합하는 일이라 쉽지 않았다. 혁신의회를 구성하는 인물들이 여러 곳에서 모여온 세력의 결집체인데, 그 주역들이 각각 자신의 본거지를 오래토록 비워둘 수가 없었기 때문이다. 김좌진이 7월에 본거지인 북만주로 돌아가 한족총연합회를 결성하고, 이청천은 오상현五常縣으로, 김희산 계열은 남만주로 떠나갔다. 그러니 정의부 핵심에서 떠나온 김동삼 역시 정의부 중심부에서 터를 잡고 활약하기가 쉽지 않았던 것이다. 김동삼과 김원식, 그리고 김상덕의 활동이 위축될 수밖에 없었다.

김동삼은 북만주로 돌아간 김좌진과 손을 잡았다. 1929년 7월 김좌진은 북만주에서 한족총연합회를 조직하고 중동선 일대를 관할할 수 있는 영안현寧安縣 산시역전山市驛前에 본부를 차렸다. 그러면서 김동삼을 회장으로 추대하고, 김좌진은 부회장을 맡았다. 이것은 남북만주의 대표자가 손잡고 남북만주한족총연합회동맹을 조직하여 통일운동을 추진하려는 데서 나온 노력이다. 그런데 이러한 노력도 1930년 1월 김좌진이 피살되면서, 김동삼 중심의 인물들은 그 힘을 크게 잃었다. 안동사람들이 남만주에 터를 잡고, 북만주에 교두보를 확보해 둔 상태에서, 김좌진이 장악한 북만주 세력과 연계하여 큰 그림을 그려나가던 판에 그의 죽음으로 일단 주저앉게 된 것이다. 이럴 때 다시 난국을 수습하면서 나선 것이 1930년 7월에 조직된 한국독립당이자, 한국독립군이었다. 통치조직인 정당과 전투력을 갖춘 군대를 조직하고 편성한 것이다.

김동삼을 비롯한 안동사람들은 한국독립당 건설에 참여했다. 여기에는 홍진·이청천·황학수·신숙·이장녕 등 모두 혁신의회에 참가했던 인물이 주역으로 참가했다. 김동삼으로서는 1911년 망명 이후 줄곧 주류에 속했지만, 통합 방법을 둘러싸고 자신의 신념을 지키다가 어느 사이에 비주류로 전락하는 위기를 맞았다. 그러나 그는 흔들리지 않고 자신의 뜻을 펴나갔다. 그것이 한국독립당 고문이라는, 민족주의 계열에서 걷는 마지막 직책을 맡았던 것이다.

한편 이 무렵 안동사람들은 동포들의 귀화와 자치운동에도 힘을 기울였다. 동포사회가 안정적으로 터를 잡아야 그 위에 독립군 조직이 움직일 수 있기 때문이었다. 망명한 이후 늘 그러한 판단을 가졌지만, 더욱이 1920년대 후반에 들어 동포사회의 존재와 안정이 결정적이라는 판단과 일제의

무차별 공격을 막아낼 방법으로 '귀화'와 '자치'라는 것이 가장 큰 화두로 떠올랐다. 더구나 동포사회에 침투한 친일 조직을 막아내기 위해서라도 동포사회를 안정적으로 유지할 수 있도록 만들어야 했다. 그가 재만 농민운동에 뛰어든 이유가 거기에 있었다.

3) 사회주의운동의 핵심부에 서다

이 무렵 안동사람들은 대체로 사회주의에 별다른 거부반응 없이 자연스럽게 접하였다. 한족노동당에도 참가했고, 그 당이 ML파의 영향을 받아 남만청년총동맹을 만들자, 여기에도 쉽게 참가하였다. 그렇다고 김동삼을 비롯한 기존 지도급 인물들이 본격적으로 사회주의운동에 뛰어든 것은 아니었다. 이와 달리 새로 성장한 2세대는 새로운 이념과 노선을 적극 받아들였다. 이광국李光國 · 이병화李炳華 · 한호韓浩(본명 김영로 · 김한호) · 이영형李永衡(이광민) 등이 그런 인물이다. 뒤에 자세하게 살펴볼 테지만, 천전 내앞마을출신으로 알려지는 한호는 뒷날 동북항일연군에서 빛나는 공적을 보이게 된다. 또 이상룡의 집안 조카로서 재만농민동맹에서 활약한 이영형도 이런 인물에 속한다.

1928년 2월 한족노동당은 재만농민동맹으로 바뀌었다.

코민테른의 영향 아래 있는 국제농민동맹에 가입하기 위해 택한 길이었다. 한인 농민들을 보호하고 소작권을 확보하며 영구임대권을 확립하는 것이야말로 독립운동의 근거지를 탄탄하게 굳히는 것이기 때문이었다. 그래서 김동삼이나 김원식·김응섭이 재만농민동맹을 이끌고, 재만한인반제국주의동맹의 간부가 되기도 하였다. 게다가 코민테른이 1928년 12월에 발표한 '12월 테제'를 통해 '1국1당주의'를 표방하게 되면서, 만주지역에서 활약하는 공산주의자들이 중국공산당에 들어가게 되었다. 그러자 김동삼은 한인의 독자적인 조직이 있어야 한다는 생각에 1929년 6월 조선공산당재건설준비위원회와 이를 지도할 만주지역 지도부인 만주부를 조직하는 데 앞장서고, 만주부의 민족부장을 맡기도 했다. 이념과 세력의 분화를 극복하려면 이를 연계시킬 연결고리가 필요했고, 그 자신이 이를 스스로 맡고 나섰다. 그는 결코 공산주의를 받아들인 일도 없지만, 민족부장을 맡으면서 연결점을 형성하고 있었던 것이다. 또 한족노동당 위원장출신인 김응섭은 만주부의 조직부장이 되었다. 이념의 차이에 매여 한발도 내뛰지 못하는 사람들과 달리, 민족을 일으켜 세울 수만 있다면 그런 것에 얽매이지 않는 큰 틀을 보여주었다.

1930년 1월 초 김동삼은 김응섭·김원식·김상덕과 함께 재만한인반제국주의동맹을 결성하는 데에도 참가하였다. 노선의 성격으로 보아 김응섭이 주도한 것이 분명할 터이지만, 집행위원장을 맡은 이는 김동삼이었다. 만주벌에서 20년 가까이 펼쳐온 그의 위상이 있기 때문일 것이다. 김응섭과 김원식, 그리고 김상덕은 집행위원이 되었다. 재만한인반제국주의동맹은 한인 농민들에게 일제와 동북군벌의 잔혹한 박해를 반대하고 반제·반봉건투쟁을 진행하자고 호소하였다. 이 사실은 투쟁방향을 일제와 봉건군벌로 돌렸음을 말한다. 대부분 농업으로 살아가고 있던 한인 농민들의 삶을 위해서는 토지 소유문제가 가장 중요했고, 이를 가로막는 일제와 군벌에 맞서자는 투쟁방향을 제시한 것이다.

재만한인반제국주의동맹은 남만주 한인 농민들이 가장 관심을 갖고 있던 토지 소유권문제, 반일·반봉건과 한국독립을 결부시켜 투쟁방향을 확립함으로써 한인 농민들의 이익을 대표하는 단체로 떠올랐다. 더욱이 1929년 11월 광주에서 학생들의 항일투쟁이 일어나 전국으로 파급되면서 청년학생들이 만주로 많이 이동해 오자, 김동삼을 비롯한 인사들은 이 동맹의 하부 조직을 곳곳에 만들었다. 1930년 3월 전만한인반제국주의대동맹창립주비회全滿韓人反帝國主義

大同盟創立籌備會가 열렸다. 집행위원을 맡은 김동삼을 비롯하여 함께 대열을 유지해 온 김원식·이광민·김응섭 등이 모두 여기에 참가하였다.

1930년 10월 10일 김동삼은 중국 동북변방 부사령관인 장작상張作相을 만났다. 장작상이 길림성지역에서 귀화한 한인동포들의 대표를 불러 모으자, 김동삼이 4인 대표 가운데 한 사람으로 참석한 것이다. 그 자리에서 중국 당국으로부터 "종래 한인에 대한 취체 규정이 없어 무리한 경우가 있었음을 인정하고, 각 현에 엄명하여 한인 보호에 노력 중이니 양해 바란다."는 답을 받아냈다. 중국 관헌들에게 문제가 있었다는 사실을 확인해 낸 셈이다. 뿐만 아니라 중국 당국이 앞으로 언론기관에서는 양 민족의 감정이 선회하도록 노력해 주기 바라며, 그때 붙잡혀 있던 한인에 대해서는 좋게 대우할 것과 모두 석방시킬 가능성도 있다는 이야기까지 들을 수 있었다. 이러한 장면은 김동삼의 발걸음이 동포들의 생활 안정에 큰 도움을 주었다는 사실을 보여주는 것임에 틀림없다.

16

주역들의 잇따른 피체와 순국

　헤아릴 수 없이 많은 안동사람들이 만주에 망명했다. 그리고 그곳에서 자취도 없이 사라진 인물도 많다. 망명하자마자 병으로 쓰러진 인물은 기록될 틈도 없었다. 더구나 풍토병으로 사라진 아이들은 더더욱 그러했다. 그런 고난들을 하나씩 이겨내며 20년을 버틴 독립운동가들도 1930년에 이르자 고령의 나이에 접어들었다. 50대 중반에 망명한 이상룡은 이미 70세를 훌쩍 넘었고, 김동삼도 50대 후반에 들었다. 광활한 만주를 헤집고 다니기에 힘든 나이가 된 것이다. 그래도 쉬지 않고 움직이던 그들이다. 하지만 안동사람들에게 1931년과 그 이듬해는 비극의 해였다.

　김동삼과 이원일은 1931년 10월 5일 하얼빈 주재 일본총영사관 경찰에게 붙잡혔다. 김동삼은 한국독립당 고문이면서 민족유일당재만책진회 집행위원장을 맡아 줄곧 독립운

○○團巨頭
金東三被捉
남북 만주에서 수십년 활동
哈爾賓日領事館에

김동삼 체포기사(《동아일보》 1931년 10월 21일자)

동의 통합작업에 힘을 기울이고 있었고, 그의 사돈이자 동지인 이원일은 하얼빈 동쪽 아성현의 주민회장을 맡고 있었는데, 그곳에서 소근小槿 이지영李枝英이란 이름을 사용하고 있었다. 또 이들과 함께 경북 영양출신 여성 항일투쟁가인 남자현南慈賢도 붙잡혔다.

그가 검거된 장소는 하얼빈 도외道外 십육도가十六道街 우씨 성을 가진 사람의 집이었다. 일본군이 1931년 9월 18일 만주를 침공했고, 바로 북상하여 길림을 점령하였다. 사태가 급박하게 진행되자 김동삼은 서둘러 북상하여 하얼빈으로 이동했다. 그가 하얼빈역에 내린 때는 10월 4일 밤 11시. 당시 신문보도를 보면, 그가 어떤 곳에서 남모르게 잠을 자고, 이튿날 아침에 마중 나온 우씨 성을 가진 사람 집에 들러 아침밥을 먹은 뒤, 들이닥친 일제 경찰에게 붙들렸다고 한다.

그는 하얼빈 일본총영사관 유치장에 갇혔다. 지금 하얼빈에 일본총영사관 유적은 두 곳이다. 일본총영사관이 홍군가紅軍街에 있다가 나중에 화원가花園街로 옮겼기 때문인데, 김동삼 일행이 갇힌 곳은 나중에 옮겨진 건물로, 하얼빈 역 앞에서 그리 멀지 않은 언덕 위에 있었다. 그때로서는 현대풍 3층 양옥집이고, 1층은 반지하실 구조인데, 바로 그 지하실에 유치장과 보일러실이 있었다. 하얼빈 주재 일본총영사관은 당시 북만주지역에서 일본의 최고 거점이었다. 정보수집과 통치, 독립운동가 추적과 검속, 일본 이권사업 지원 등 일본의 전초기지이자 최전방 지휘부였다. 따라서 그곳 유치장에는 독립운동가들의 비명으로 지새지 않는 날이 없을 지경이었다.

일본총영사관 경찰은 서둘러 많은 정보를 빼내려고 악랄하게 고문하였다. 일제는 만주에서 붙잡은 '요주의 불령선

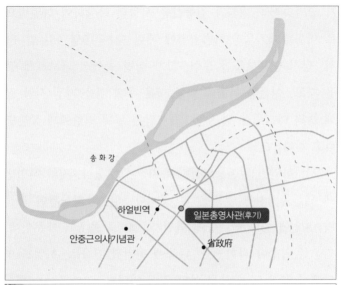

하얼빈 일본총영사관 지도와 사진

인'을 심하게 고문하여 정보를 수집한 뒤, 이를 바탕으로
추가로 검거작업을 폈고, 그 뒤에 국내로 옮겨 재판을 진행
하는 것을 원칙으로 삼았다. 마침 거물급 인사들을 붙잡은
일제로서는 절호의 기회를 놓치지 않으려고 온갖 악행을 다
동원하였다.

김동삼·이원일·남자현 세 사람은 견딜 수 없는 고문에
도 꺾이지 않았다. 김동삼은 오히려 이를 꾸짖고 항의하다
가 의식을 잃은 적이 한두 번이 아니었다. 결코 꺾일 수 없
는 인물이기도 하지만, 유치장에 들어가는 순간 살아서 나
간다는 생각을 아예 버렸을 것 같다. 견디기 힘든 고통을
끊으려고 단식투쟁을 벌였다. 그가 단식투쟁을 벌이고 있다
는 소식은 당시 신문에까지 보도되었다. 1931년 10월 17일
자 《조선일보》는 "할빈에서 체포된 김동삼 류치장에서 단
식"이란 제목으로 그 소식을 실었다. 붙들린 지 사흘이 지
난 10월 8일 일제는 가족들을 동원하여 회유하기 시작했
다. 맏아들 정묵과 가까운 집안 동생 김정식金正植(政植)이
불려갔다. 김정식은 만주망명 초기에 큰 인물이던 김대락의
조카이자 김소락의 아들이며, 취원창을 개척한 한 사람이
다. 이들은 단식을 그만두라고 말을 건넸다. 하지만 김동삼
의 태도는 조금도 변함없었다. 고문이 얼마나 지독했던지,

그의 略歷

일송김동삼(一松金東三)은경북
안동군임하면천전동(慶北安東
郡臨河面川前洞)출생(出生)인데 일홈이
○植)이였다던오십삼세인데 월파이

총독부서

김동삼 단식투쟁 기사(《조선일보》 1931년 10월 17일자)

204

哈市서逮捕된金東三
留置場에서 斷食

일군길림점령후피신중피착

檢擧되든當時經過

決心이잇다고
勸告도不聽

【哈爾賓通信】 지난오일오전
십일시경에 합이빈노와 십노에
가우모（哈爾賓道外十六道街周
某）의집에서조반（朝飯）을먹고
나자일본당사관 경찰서（一本領
事館警察署）순사삼명이자동차
들몰고와서 체포하여간 김동삼
은길림（吉林）에잇다 가금번일본
군이길림점령을 하자몸을 피하
야 춘동선 쏘지하（中朝鮮小哽
洞）본집에 오게되엿는데 그사동
（少東）리지영（少離李枝英）과가티
소근티지영

동행하여 합이빈에서 사일오후
십일시에 나려서 어떤것에바뷔
하자고 그익일 아츰에 쥐긔우모
의집을차자가서 조반을 먹고나
자그와가티 순사가와서 체포되
여갓다 그리고 라지영도 가티체
포되엇다 는데 그들은 체포됨이
후보안식을 단행하고 잇슴으로
령사관에서는 쾌게 하눈중이라
하며불원간 조산으로 압송하리
라한다

[불명료 · 오른쪽 세로단]
陝吧一然促進會委員長）등훈
련 임한민족운동（民族運動）의거두
로일것든사람이다

佛國敎護鐘
同情金募集

電力統制

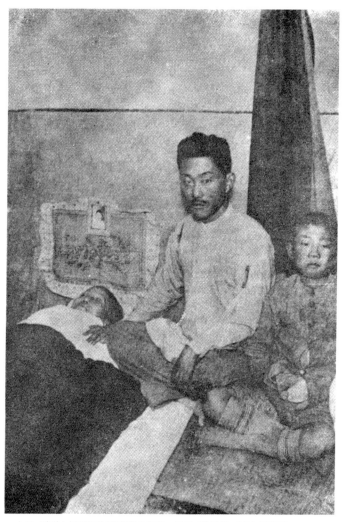

순국 직전 남자현의 임종을 지키는 아들 김성삼. 손자 김시련

남자현은 죽음 직전의 상태에서 가족에게 인계되었다. 풀려나서 근처 여관에 옮겨진 남자현은 곧 숨을 거두었다.

김동삼과 이원일은 국내로 옮겨지고서도 일제에 저항을 계속했다. 신의주지방법원 검사국에서 취조와 심문조서 작성, 그리고 예심과정으로 1년을 보내고, 1932년 11월 19일 신의주지방법원 공판으로 넘어갔다. 12월 26일 열린 판결에서 김동삼은 10년형을, 이원일은 3년형을 선고받았다. 이들은 다시 서대문형무소로 옮겨졌다. 이원일의 노모는 1927년 아성현에서 이미 세상을 떠났고, 부친 이강호는 뒷날 귀향했다가 1946년 사망하였다. 이원일은 3년 옥고를 꼬박 다 치른 뒤, 고향으로 돌아와 우울한 여생을 보내다가 1957년 세상을 떠났다.

김동삼과 이원일이 국내로 이송된 직후에, 만주 독립운동계의 가장 큰 별인 이상룡이 숨을 거두었다. 1932년 5월 12일 서란현 소과전자촌에서 최후를 맞은 것이다. 망명 이후 가장 가까이에서 지낸 여준呂準과 이장녕李章寧이 군벌과 마적에게 피살되었다는 소식에 그날부터 먹는 것을 그만 두었다. 신흥무관학교 시절부터 독립운동의 길을 한결같이 함께 걸은 인물이 아니던가. 여준은 아들이 군벌에게 잡혀가자 집에 불을 질러 자결했다. 그런 소식을 들은 이상룡은 더 이상 어떻게 움직일 수가 없었다. 단식에 들어갔다. 국내에서 그 소식을 들은 큰 동생 이상동이 급히 만주로 와서, "형님, 이제 한국으로 들어가십시다. 이렇게 고생하실 줄 알았으면 왜 여기 나왔겠습니까?"라고 눈물로 말했더니, 그는 잡은 손을 휙 뿌리치면서 "나 죽기 전에는 여기를 못 떠난다. 일을 이렇게 벌여 놓고 나만 들어갈 수 없다. 씨나 떨어뜨리게 나 죽고 나거든 남은 가족들은 들어가게 하겠다."고 말했다. 몸의 평안을 생각했다면 애초 선택하지도 않았을 길이다. 힘들고 어려워도 바른 길이라서 택한 것이고, 삶을 끝내는 마지막이라 하더라도 자신의 선택을 후회하거나 돌이키지는 않겠다는 의지를 분명히 밝힌 것이다. 다만 후손을 이어가기 위해 필요하다면, 자신이 세상을 떠난 뒤에 가족들은 귀국하게 하라는 것이다. 5월 12일 숨을 거두기 앞서 그는 마지막 말을 남겼다.

국토를 회복하기 전에는 내 해골을 고국에 싣고 들어가서는 안 되니, 이곳에 묻어 두고 기다리도록 하라.

만주로 망명한 때가 1911년 1월이니, 꼭 21년 5개월이 되던 때였다. 만 53세에 망명하여 만년의 생애 전부를 나라

_이상룡이 묻혔던 소과전자촌 마을 뒤 옥수수밭 언덕배기

찾기 위한 터를 닦는 지도자로서 보내고, 74세에 삶을 마감
하였다.

가족들이 유해를 모시고 귀국길에 올랐다가 도중에 돈을
요구하며 만행을 부리는 중국군인들 때문에 하는 수 없이
소과전자로 되돌아가서, 마을 뒤 언덕바지에 시신을 묻었

다. 그리고서 직계가족들은 귀국길에 올랐다. 이상룡의 유해는 5년이 지난 뒤 조카 이광민의 손으로 다시 수습이 되어 하얼빈 북상길에 올랐다. 다시 유해를 수습하여 이불보따리에 싸맨 뒤, 지게에 지고 30리 북풍한설을 헤쳐 군령역에 도착하고, 거기서 기차로 하얼빈으로 이동하였다. 그리고서 일찍이 독립운동 기지로 터를 닦아 두었던 취원창으로 모셨다. 그 유해가 고국으로 돌아와 국립묘지에 모셔진 때는 1990년, 순국한 지 58년이 지난 뒤가 된다.

17

중국 본토지역으로 옮겨간 사람들

김동삼이 일제에 붙잡히고, 이상룡이 세상을 떠나던 무렵 안동사람들의 고난은 더욱 심해졌다. 더구나 1931년 9월 18일 일제가 만주를 침공하고 북상하여 길림과 하얼빈 등 도시를 장악하자 전투는 격렬해졌다. 남만주에서는 조선혁명당이 이끄는 조선혁명군이, 동북만주에서는 한국독립당이 이끄는 한국독립군이 활약하였다. 한국독립군에는 이청천과 더불어 활약하던 김원식이 안동사람 가운데 두드러진다. 그러다가 김원식은 1934년 이청천과 함께 만주를 떠나 남경으로 옮겨 갔다. 김구가 이청천을 비롯한 군사간부들을 초청했기 때문이다. 윤봉길 의거 이후 김구가 장개석을 만나 지원을 요구했고, 합의에 따라 중국중앙육군군관학교에 한인청년들을 양성하는 특별반을 만들었다. 한인청년들을 직접 가르칠 군사지도자가 필요했고, 그래서 김구가 이청천

일행을 초청한 것이다.

이들이 남경에 도착하던 무렵에는 정당조직이 임시정부를 운영하고 있었다. 따라서 이들이 1934년 남경에 도착한 뒤 자신들의 조직이 필요했고, 이에 따라 만든 것이 신한독립당이었다. 이 당은 1935년 7월에 의열단이 주도하던 좌우합작 정당조직인 조선민족혁명당 창설에 동참함으로써 그 역사가 끝났다. 김원식은 이러한 길을 걸었다. 다만 아쉬운 것은 김원식의 기록이 더 나오지 않는다는 점이다. 이청천과 같은 노선을 택한 것이 분명한데, 1935년부터 그가 사망한 1940년 사이의 기록이 보이질 않아 과제로 남는다.

또 홍종민洪鍾敏도 마찬가지다. 홍윤洪潤이라고 불린 그는 1913년 와룡면臥龍面 지내동池內洞에서 태어나 어른을 따라 만주로 왔다. 만 스물한 살이던 1932년 8월 동북한중연합항일군사령부 독립대대에 들어가 바로 다음 달 길림성 쌍성보雙城堡전투에 참가하였다. 다음 해 영안현寧安縣 동경성東京城전투에 이어, 7월에는 왕청현汪淸縣으로 옮겨 대전자大甸子전투, 다시 9월에는 동녕현東寧縣전투에 참가하였다. 쉼 없는 전투가 이어졌다. 그러다가 이청천이 남경으로 이동할 때, 그 대열에 참가하였다. 그래서 김구와 장개석의 담판으로 문을 연 중국중앙육군군관학교 낙양분교에 생도로 정식 입교하여 졸업하였다. 이청천 계열의 청년 장교가 된 그는 대개 이청천의 행로와 같은 노선을 걸었을 것이라 짐작된다. 그렇다면 신한독립당을 거쳐 조선민족혁명당에 가입했다가, 다시 이청천이 이를 이탈하여 조선혁명당을 창당할 때 동참했을 것 같다. 그런데 그의 마지막 모습을 헤아리기 힘들다. 1937년 2월, 곧 중일전쟁 5개월 앞서 그는 김구의 특명을 받고 국내 평안북도로 지하공작 임무를 띠고 잠입한 것으로 알려진다. 그리고는 그의 최후를 알려주는 자료가 없고, 후손들은 그가 1969년 만주에서 사망했다고 알고 있다. 마지막 김구의 특명을 받게 되는 과정이나, 국내 공작, 그리고 최후에 대해서는 아직 풀어야 할 숙제가 많이 남아 있는 셈이다.

18

제2세대가 참가한 동북항일연군

1) 동북인민혁명군과 동북항일연군이란 어떤 군대인가

　1930년대 항일투쟁에서 동북인민혁명군과 동북항일연군 東北抗日聯軍의 존재를 빠트릴 수 없다. 이것은 중국공산당 만주성위원회에 속하는 항일부대로, 더구나 동북항일연군 은 김일성이 참가했다는 이유로, 말하는 것 자체를 금기로 여기던 군대다. 하지만 만주에 망명한 한인들이 여기에 참 가하여 항일전쟁을 펼쳤으니, 김일성 중심으로 과대 포장된 내용을 빼고 진실된 내용만을 찾아서 정리하고 우리의 역사 로 이해할 필요가 있다.

　이 부대가 중국공산당 소속이라고 하더라도, 순전히 중 국인들만의 군대는 아니다. 만주지역에서 유격전을 벌이 던 무장세력을 결집시켜 항일전투부대를 만들 때, 이념이 나 민족을 가리지 아니하고 항일전쟁을 위해 개인이나 단체 모두를 포함시킨 부대로 조직된 것이다. 더구나 참가한 한인들이 매우 많았고, 부대에 따라서는 한인이 오히려 주력을 이룬 경우도 있었다. 그러니 이 부대는 한중연합군의 성격을 띤다.

여기에 참가한 안동사람들의 활약도 두드러진다. 유격부대였으므로 참가자들의 나이는 대부분 20대였다. 이 말은 그들이 1910년대에 만주로 망명할 때 열 살 전후의 어린이에서부터, 망명 이후에 태어난 제2세대라는 뜻이다. 따라서 참가자들의 나이를 보면 대개 20대에서 30대 초반이 주류를 이룬다. 1세대와 1.5세대가 1910년대와 1920년대를 밀고 나갔다면, 이제 제2세대가 1930년대 중반에 항일전쟁의 주력으로 떠오른 것이다.

동북인민혁명군은 1933년에 결성되었다. 당시 만주지역에는 남만주를 중심으로 조선혁명당의 조선혁명군이, 북만주와 동만주에는 한국독립당의 한국독립군이 각각 활약하고 있었다. 그러다가 이청천이 이끌던 한국독립군 주역들은 1934년에 중국 본토, 남경으로 이동하였고, 남만주 일대에서는 조선혁명군이 1937년까지 전투를 벌였다. 그러는 사이에 중국공산당이 한중연합군 성격을 가진 동북인민혁명군을 만들었다. 동북반일연합군이라는 이름으로 움직이던

부대도 있었는데, 1936년에 들어 이를 통틀어 동북항일연
군으로 이름을 고치고 편제를 바꾸었다.

동북항일연군은 1936년부터 1938년까지 조직을 확대시
켜 나갔다. 이 부대는 크게 중국공산당 남만주성위원회 소
속 제1로군, 길동성위원회의 제2로군, 북만주임시성위원회
의 제3로군으로 구성되었다. 이 가운데 한인들이 많이 소
속된 부대는 제1로군의 1·2군, 제2로군의 4·5·7군이었
다. 가장 고위직인 군장에 오른 인물로 허형식(3군)과 이학
복(4군)이 대표적이며, 뒷날 북한의 주석이 된 김일성은 제1
로군 2군 소속 제6사의 사장으로 활약했다.

1938년 3만 명이나 되던 동북항일연군은 일본군의 본격
적인 공격을 받으면서 약화되었고, 1940년 1천여 명으로
줄어들었다. 새롭게 조직을 재편할 필요를 느낀 동북항일연
군은 소련지역으로 이동하고, 1942년 7월 동북항일연군교
도려(일명 88여단)라는 부대를 편성하였다. 전체 대원 1,500
명 가운데 한인은 290여 명이었고, 이들은 1945년 9월 19
일 원산을 통해 입국하였다.

동북인민혁명군과 동북항일연군은 중국공산당이 지도하
는 무장부대였지만, 엄밀히 말하면 항일에 동조하는 중국인
과 한인이 연합하여 조직한 한·중항일연합군이라고 말할

수 있다. 대원들 스스로 '중한민족의 항일군'이며, '조국 독
립을 위해 반일전선'을 결성하는 것이 한인들의 첫 번째 책
무라고 인식하고 있었다. 따라서 동북항일연군은 비록 중국
공산당 산하의 부대이긴 했지만, 여기에 참가한 한인 활동
의 최종 목표는 조국 독립에 있었다. 따라서 이 부대는 국
제연대투쟁이자, 국제연합군의 성격을 가진 셈이다.

2) 동북항일연군 제1사장, 내앞마을 한호(김한호 · 김영로)

동북인민혁명군과 동북항일연군에서 활약한 안동사람도
적지 않고, 빛나는 인물도 여럿이 있었다. 그 가운데서도
가장 눈에 들어오는 인물이 한호韓浩(金韓浩 · 金翰浩)다. 그
의 활동과 지위가 김일성보다 앞선다는 평가를 받는다. 그
의 이름은 다양하다. 가장 많이 등장하는 이름이 한호 · 김
한호 · 김한걸 등이며, 김수길金輸浩이란 이름도 보이는데 이
는 한자를 잘못 옮긴 것 같다. 그의 본명과 출신지에 대해서
는 북한 사회과학원 력사연구소가 1971년에 발간한 《력사사
전》1권에 '1906년 안동 임하면 천전리출신 김영로'라고 적
혀 있다. 이곳 임하면 천전리가 바로 안동시 임하면 내앞마
을이요, 김대락과 김동삼의 마을이다. 그렇다면 항렬이 로魯
가 되고, 김대락의 문중에 속한다는 말이다. 김대락의 손자

东北人民革命军第一军战斗序列

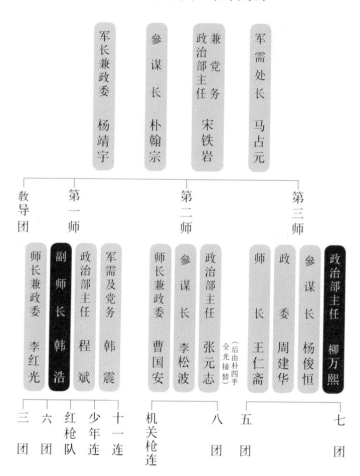

军长兼政委　杨靖宇　　参谋长　朴翰宗　　兼党务政治部主任　宋铁岩　　军需处长　马占元

教导团　　第一师　　第二师　　第三师

第一师：师长兼政委　李红光　　副师长　韩浩　　政治部主任　程斌　　军需及党务　韩震
　　三团　六团　红枪队　少年连　十一连

第二师：师长兼政委　曹国安　　参谋长　李松波　　政治部主任　张元志（后由朴四平全光接替）
　　机关枪连　八团

第三师：师长　王仁斋　　政委　周建华　　参谋长　杨俊恒　　政治部主任　柳万熙
　　五团　七团

한호와 류만희(양정우열사능원 전시패널)

가 항렬이 로魯이다. 그런데 한 가지 문제점은 고향마을 족
보에 그의 이름이 확인되지 않는다는 사실이다. 워낙 어린
나이에 어른 손에 이끌려 만주로 갔을 뿐만 아니라, 부모마
저 일찍 살해되었으니, 그 바람에 기록되지 않은 것이 아닌
가 짐작할 뿐이다.

《력사사전》에는 한호, 곧 김영로가 극빈 농가출신으로
서, 가족들과 만주 화전현으로 이주하여 성장하고 동만주
일대에서 활약하다가 1931년 초반에 감옥살이를 거쳤다고
적혀 있다. 중국 기록에는 그의 주거지가 화전현 횡도하자
향橫道河子鄕 대와붕촌大窩棚村이라고 나온다. 또 사전에는
한호가 1935년부터 제1군 제1사 사장으로 활동했고, 1936
년 6월 환인현 알호라이 근방에서 일만군日滿軍과의 전투를
지휘하다가 전사했다고 적혀 있다. 중국 측 기록을 종합해
보면, 한호의 활동은 다음과 같다

1905년생인 그가 역사의 무대에 등장한 때는 중국공산
당에 가입한 1930년이다. 이듬해 그는 1931년 1월 만주공
농의용군 제4군 제1종대에 참가하였다고 알려진다. 그런데
그가 여기에 참가한 동기에 대해서는 약간 혼선이 있다. 만
주공농의용군에 참가한 뒤에 부모를 잃었다는 것과 1932년
부모가 사살당한 뒤 그가 의용군에 들어갔다는 이야기가 엇

갈려 전해진다. 분명한 사실은 1932년 봄에 부모가 살해당하는 참극이 벌어진 것이다. 중국공산당 화북구위에서 반일시위를 벌일 때, 적들의 진압작전으로 부모가 살해되었다는 것이다. 확실한 것은 그가 부모의 참극을 전후하여 만주공농의용군 제4군 제1종대에 들어갔고, 제2대대장을 맡았다는 점이다. 이 부대가 반석현유격대, 혹은 반석유격대로 불린다.

그의 승전 소식은 1933년 1월부터 연거푸 터져 나왔다. 1933년 1월 반석유격대는 중국노농홍군 제32군 남만유격대로 정식 이름이 붙여지고, 양정우楊靖宇가 정치위원, 이홍광이 교도대 대장, 박종한이 1대대장, 그리고 김한호(한호)가 2대대장이 되었다. 대대 병력은 요즘 한국의 중대 병력에 견주면 크게 다르지 않다. 한국의 특공부대나 특전사처럼 유격부대의 규모는 일반 병력과 달라서, 현재도 특전사 1개 대대병력은 일반 병과의 1개 중대와 비슷하다. 제32군 소속의 남만유격대 2대대장이 된 한호는 바로 그해 1월 삼원포에 주둔하던 위만군僞滿軍(중국에서 만주국 군대를 이렇게 부름)을 공격하여, 경찰서와 국도공정국을 파괴하고, 일본 통화주재영사관 계사국장稽査局長을 생포하고, 많은 무기를 빼앗는 등 큰 공을 세웠다. 또 같은 달에 반석현 호란진呼蘭

鎭 곽가점郭家店에서 위만군 1개 영營을 섬멸하고, 다시 길해철도吉海鐵道 파괴 공작에 나서서 그 이름을 떨쳤다.

1933년 가을에 동북인민혁명군으로 개편되면서 제1군 독립사가 만들어질 때, 그는 제3단장에 임명되었다. 만주에서는 제3단을 제3퇀이라 부른다. '퇀'은 곧 '단'이라는 부대 단위다. 뒷날 동북항일연군이 만들어질 때, 독립사가 제1군 제1사가 되는데, 한인이 중국인보다 많은 부대였다. 1933년 3월 그가 이끄는 유격대는 노야령老爺嶺을 관통하는 철길 양측과 수도동隧道洞 터널 입구에서 기찻길의 못을 빼내고 매복하고 있다가, 일본군이 경호하는 철갑차가 궤도를 벗어나 혼란에 빠지자마자 공격하여 일본군을 모조리 섬멸하였다. 10월 일본군 1사단이 위만군 1만 2천 명과 버리하투에 근거지를 마련하고 '동변도 추계 대토벌' 작전을 벌이기 시작했다. 이에 독립사 주력 3단은 휘발하輝發河 남쪽으로 이동하여, 몽강濛江·휘남輝南·김천金川·유하柳河·통화通化로 옮겨가며 전투를 벌였다.

1934년 한호는 동북인민혁명군 제1군 독립사 제3단장에 부사장까지 맡았다. 8월에는 가나이다鐵板 일본군 사령관이 봉천(심양)에서 출발하여 통화 일대를 시찰한다는 첩보가 도착했다. 양정우와 이홍광이 이끄는 독립사는 한호가 이끄는 제3단 병력을 주력으로 350명 병력을 통화 일대 산성진 부근에 매복시켰다. 그곳에서 가나이다를 저격할 임무를 받은 인물이 바로 제3단장 한호였다.

한호는 가나이다 일행의 출발시간과 행선지 통과 일정 등을 상세히 알아낸 뒤 곧 매복전을 준비하였다. 8연連과 9연連의 80여 명 병력을 통화현 이밀하二密河에 매복시켰다. 2대로 나누어 40명은 증원군을 차단하는 임무를, 다른 40명은 다시 20명씩 두 조로 나누어, 1조는 기관총과 수류탄으로 화력망을 구성하며, 2조는 돌격조가 되어 일본군을 마지막 한 사람까지 섬멸한다는 작전을 세웠다. 그리고서 먼저 두 사람을 내려 보내 도로를 수리하는 부역꾼으로 변장시켜 서성거리게 했다. 마침내 가나이다 사령관과 수행원, 그리고 경호 병력을 태운 23대 자동차 행렬의 선두가 도착하자, 부역꾼으로 위장한 두 사람이 행렬의 속도를 늦추게 하면서, 산 위에 매복한 부대가 수류탄을 던져 기습 공격을 펼쳤다. 이 바람에 가나이다 사령관은 즉사했다. 한호는 돌격조를 이끌고 내려가 대좌 1명을 비롯하여, 장교와 병졸 100여 명을 사살하였다. 군용차 11대를 격파하고, 경기관총을 비롯하여 150정이 넘는 보총과 권총, 그리고 많은 탄약을 손에 쥐었다. 엄청난 전투성과를 거둔 것이다. 그것도 아군 피해는 거의 없는 승리였다.

같은 해 1934년 겨울에는 한밤중에 3단 소속 9연連과 11 연連 70여 명 병력을 이끌고 출발하여, 목우자木盂子에서 위만군을 공격하여, 공소公所 5~6칸을 불살랐다. 또 환인현에서 적 200명과 교전하였으며, 이튿날 산 위에 매복했다가 적을 또 다시 공격하여 대승을 거두자, 적들은 "한호가 이끄는 부대가 오면 경거망동하지 마라."고 주의를 환기시킬 정도가 되었다.

1935년 춘절春節(1.1.)에 한호는 다시 대중에게 기쁨을 안겨주었다. 그는 환인에서 만주국의 대상인들이 일본인에게 보내는 송년화물을 실은 큰 차를 발견하고서, 이를 공격하여 빼앗아 부근 군중에게 나누어 준 것이다. 한호가 거느린 전사들은 군중들과 더불어 모두 기뻐하며, 한국춤을 보여줄 정도였다. 그런 틈에 한호는 군중을 모아 반일회反日會를 조직하도록 했다. 3월에는 환인 와자구洼子溝에서 일본군 수비대를 공격했고, 자신의 부대가 위만군 100여 명에게 포위되자 7명을 이끌고 포위망을 뚫기도 했다.

1935년 그는 제1군 제1사장이 되었다. 경기도 용인출신으로, 한호의 직속상관이던 제1사장 이홍광이 환인현과 흥경현의 접경지인 노령老嶺에서 일본군 · 만주국 연합군과 격전을 벌이다가 중상을 입고, 5월에 환인현의 밀영에서 전사하였다. 본래 부사장을 맡고 있던 한호가 그 뒤를 이어 제1사장이 된 것이다.

1936년 6월, 그는 합달령 부근에서 일본군에게 매복전으로 맞서서 승리를 거두었다. 중국 측의 기록에는 "일본군과 주구들이 항일유격대를 '위초圍剿'(포위하여 소탕)하기 위해 해룡현 산성진에서 유하현 삼원포로 이어지는 도로를 건설하고 있었는데, 삼원포에 머물던 국도공정국장의 출장 정보를 확인하고서, 한호가 제2대대 70여 명을 이끌고 유하현 입문자砬門子 합달령哈達嶺 부근에 매복했다가 일행을 습격하여 20분 전투에 차량 1대를 불사르고 적 3명을 사살하여, 도로 건설 공정을 늦추었다."고 적었다.

그런데 그의 최후에 관한 기록이 모호하다. 위에서 본 것처럼, 1936년 6월 합달령 부근에서 승리를 거둔 기록이 있는데, 이보다 한 해 앞서 1935년 8월에 전사했다는 기록도 있기 때문이다. 1935년 8월 13일, 환인현과 통화현의 경계인 강산崗山 이도구二道溝에서 전사했다는 것이다. 그 내용을 보면, 통화에서 환인으로 오는 공로를 내다보며 매복하던 한호가 일본군이 도착하자 습격하였고, 그가 제1선에서 전사들과 작전을 벌여, 적 30여 명을 사살하였는데, 일본군의 반격이 강해지자 그가 직접 전사 30명으로 돌격대를 편성하여 공격하다가 적탄에 맞아 숨졌다는 것이다.

엇갈리는 기록이라 그 진위는 확인하기 힘들다. 그가 1936년 6월에 벌였다는 합달령전투가 1935년의 것일 수도 있겠고, 아니면 뒤의 전사내용이 1936년의 기록일 수도 있다. 다만 북한의 기록에 그의 죽음을 1936년으로 적혀 있어서 그의 전사시기가 1936년이 아닐까 짐작한다.

3) 무장부대를 이끈 여인, 김노숙

김노숙金魯淑은 1906년 안동군 월곡면 사월동(현재 안동시 사월동, 본래 마을은 안동댐에 수몰됨) 빈농 집안에서 태어나, 두 살 때 아버지를 여의었다. 사월동이면 광산김씨 집안출신, 노魯 항렬이라 짐작되지만 족보에서 확인하지 못하고 있다. 1912년, 만 여섯 살 되던 해에 어머니가 시어머니와 아들 김노흠金魯欽(1897년생), 그리고 딸 김노숙을 데리고 만주로 갔다. 이상룡이나 김동삼과 같은 안동출신 지도자들이 터를 닦은 유하현 삼원포에 도착한 그는 열일곱 되던 1923년 삼원포의 동명중학을 졸업한 이우백과 결혼하였다.

김노숙의 항일투쟁 역정은 1924년부터 시작되었다. 그해 11월 한진·김강 등이 반석현 호란진에서 남만청년동맹을 조직하자, 여기에 동참하기 시작한 것이다. 그러면서 남만청년동맹이 문을 연 야학에서 한자와 한글을 배웠다. 그런데 불행이 닥쳤다. 결혼한 지 6년, 그의 나이 만 23세 되던 1929년에 남편 이우백이 투쟁을 벌이다가 희생된 것이다.

그 뒤 김노숙은 중국공산당에 가입하고, 1931년 반석현 반동구위원회 서기인 이동광과 재혼하였다. 23세에 남편을 잃은 그가 택한 길은 단순한 재혼이 아니라, 무장투쟁의 길이요, 그 길에 동지를 반려자로 새로 맞은 것이었다. 1932년 그는 부녀대婦女隊를 조직하여 직접 전투에 나서기 시작하였다. 이 부녀대는 남만주 항일투쟁사에서 유일한 부녀무장조직으로 나타난다. 1933년 5월 7일 남편 이동광이 중국공산당 반석중심현위원회 서기라는 책임을 맡게 되자, 김노숙은 이동광의 조수가 되어 활동하였다. 항일투쟁의 일선에서 대개 부부가 서기와 비서를 맡는 일은 허다했다. 그해 6월 중국공산당 반석현위원회 확대회의를 열고 있을 때, 마침 '토벌대'가 공격해 왔다. 그러자 김노숙은 10여 명의 적위대원으로 지대를 편성하여 토벌대를 치고 빠지면서 다른 곳으로 유인하여, 회의 참석자들을 안전하게 보호하였다.

1933년 11월 초 양정우·이홍광이 이끄는 동북인민혁명군 독립사, 앞에서 말한 한호가 제3단장을 맡은 바로 그 부

대가 반석현 일대에서 전투를 벌일 때, 그도 무장공작대 30
여 명을 이끌고 참가하였다. 그가 맡은 임무는 홍군 부상자
와 환자를 호송하는 것인데, 일본군·위만군과 전투를 벌
이면서 밀림 속 산굴에 있는 야전병원으로 그들을 옮겨야
했다. 그런 임무를 시원스레 해냄에 따라, 김노숙의 명성도
높아졌다.

1936년 10월 그는 집안현 대청구 일대에서 물자구입 사
업을 벌였다. 그러다 일본수비대 200여 명의 기습을 받아
전투를 치르다가 전사하였다. 김노숙은 여성 혁명투사로서
전투를 벌이다가 전사하는, 흔하지 않은 기록을 남겼다. 만
주에서는 그의 이름이 드높이 알려졌지만, 정작 고향에서는
아는 이가 드물다.

4) 만주 항일 30년 전쟁의 마무리, 류만희

류만희柳萬熙의 본명은 류영준柳永俊이다. 그는 1916년 안
동군 풍천면豊川面에서 태어났다(연변역사연구소가 출생지를
반천면半川面이라 적었는데, 豊川을 현대 중국의 간자로는 丰川
이라 적는데서 생긴 잘못이라 짐작된다). 그는 만 아홉 살이던
1925년 부모가 유하현 삼원포 곽가가霍家街로 이주하여, 반
석현으로 옮겼다가, 1930년에는 봉천성(현 요녕성) 청원현

남산성에 살았다.

그가 항일투쟁의 길로 나선 때는 만 15세가 되던 1931년
이다. 일제가 만주를 침공하자, 그는 소년들로 구성된 반일
아동단의 지대장이 되어, 산성진에 있던 일본영사관 앞에서
삐라를 뿌리면서 시위를 벌였다. 1933년에는 공산주의청년
단에 가입하고, 그해 가을 일본군이 체포하러 들이닥치자
탈출하였다. 그러자 일본군수비대는 그의 어머니와 두 동생
을 남성자 일본군수비대로 끌고갔다. 류만희는 이곳을 벗어
나 동북인민혁명군 제1군 독립사에 들어갔다. 이 부대는 앞
에서 본 것처럼, 남만유격대가 발전하여 조직된 부대로, 안
동 내앞마을출신 한호가 제3단장을 맡고 있었다. 그는 평안
보로 이동하였는데, 어머니와 두 동생이 산성진 일본군수비
대에 끌려가 생매장되었다는 피눈물나는 소식을 듣게 되었
다. 이에 그는 1934년 가을 자신과 가족을 고발한 박가를
찾아 처단하였다.

1935년 그는 동북인민혁명군 제5단(퇀) 청년과장이 되고,
1936년 동북인민혁명군이 동북항일연군으로 개편되자, 제
1군 제3사 정치부 주임이 되었다(사장 왕인재, 정치위원 주건
화). 1937년 늦은 봄 그는 청원 일대에서 활약하고, 칠도하
자 매복 전투에 참가하여 일본군 장교 22명을 사살하고, 1

명을 다치게 만들었으며, 권총 등 무기를 노획하면서도, 피해가 하나도 없는 대승을 거두는 데 기여하였다. 1937년 여름 제3사장 왕인재가 전사하였지만, 그해 겨울에는 청원·개원 경계 협안산에서 전투를 벌여 다시 대승을 거두었다. 1938년 상반기에는 서풍 일대에서 활약하고, 용두에서 자동차를 습격하여 일본지도관 가메이와 다무라 등을 처단하는 데 공을 세웠다. 그리고 곳곳에서 중국공산당의 항일민족통일전선정책을 설명하고, 마적들을 회유하여 성과를 올렸다. 1938년 10월 일본군의 '대토벌'작전(1938~1939)이 진행되자, 이를 피해 금천동산으로 이동하여 양정우 부대와 합류하였다. 몽강 나얼홍전투를 벌이고, 다시 화전현 유수하전투를 벌이다가 그는 부상을 당하여, 1940년 3월 24일 임강 곰골에 주둔하다가 변절자의 기관총 공격을 받아 장렬하게 전사하였다.

1940년이면 동북항일연군이 사실상 종말을 고하는 때였다. 병력이 가장 많을 때, 3만 명에 이르던 동북항일연군이 이 무렵이면 거의 1천 명 정도로 줄어들었다. 그해 겨울 남은 사람들은 소련으로 탈출하였고, 김일성도 그런 사람 가운데 한 명이다. 이렇게 보면, 류만희는 동북항일연군의 종결점 바로 직전까지 치열한 투쟁을 벌인 핵심인물

가운데 한 사람으로 평가할 만하다. 또 만주지역에서 항일
투쟁에 참가한 안동사람으로서 최후의 인물이라는 평가도
가능하다.

19

가족들의 희생과 고난

1) 만주벌에서 뿌린 피와 눈물

만주로 간 안동사람들을 이야기하자면, 어머니와 아내, 그리고 딸들의 이야기를 빼놓을 수는 없다. 이상룡의 손부 허은이 말한 것처럼, 이상룡에게 바쳐진 훈장의 반은 그의 아내 몫이다. 독립운동 조직의 직위를 맡은 일이 없어 그들을 독립유공자로 포상하지는 못하지만, 사실 아내들이 없었다면 남편들의 독립운동이 어떻게 가능할 수 있었겠는가. 동포사회를 꾸려나가던 그 삶 자체가 독립운동이었고, 독립운동 조직들이 숨 쉬며 움직일 수 있는 텃밭이 바로 부녀자들의 몫이 아니었을까. 그런데 이들을 독립유공자로 포상하기란 쉽지 않다. 독립운동가의 아내라고 그냥 포상할 수도 없고, 그렇다고 분명하게 공적내용을 끄집어낼 수도 없으니 말이다.

그들은 망명하자마자 죽어나간 아이들을 보며, 깊은 상처를 안고 평생을 살아간 사람들이다. 김대락은 아녀자들이 시달리던 풍토병을 적으면서 가슴저려 했고, 증손자가 아파도 치료할 방법이 없을 때 애가 타서 잠을 이룰 수도 없었다. 이상룡도 매부에게 보낸 편지에서 풍토병으로 몸이 붓고 부스럼이 나며 팔다리가 마비된다면서, "지금 현상으로 보건대 광복은 고사하고 종족마저 멸망당할 위기가 닥쳤다."고 썼다. 아내는 귀가 먹고 심한 천식에 시달리며, 동생 이봉희는 황달로 고생하고, 질부는 종기로 고생하다가 거듭 혼수상태요, 손자 이병화는 피부병으로 고생하며, 다른 가족들도 풍습진과 각기병으로, 증손자 도중을 비롯한 아이들은 홍역과 오랜 설사로 고생하는 이야기를 거듭 적었다.

이미 앞에서도 본 것처럼, 이원일은 동생들을 잃었다. 아버지 이강호와 어머니 재령이씨, 아내 김경모金敬模, 이원행李源行과 제수 오순승吳順承, 여동생 둘, 그리고 이해동을 비롯한 자녀들이 모두 망명했는데, 고향에는 시집간 누이 두 사람만 남았다. 망명한 지 얼마 되지 않은 1914년에 동생 이원행이 만 22세에 죽고, 이듬해에 두 여동생이 잇달아 풍토병으로 죽음을 맞았다. 1년도 되지 않은 짧은 순간에 삼남매가 사라졌다. 부모와 오빠를 따라 만주로 갔다가 사라

김씨부인 포열장

진 두 누이는 호적에도 기록되지 않았으니, 이 세상에 살다 간 흔적조차 없게 되었다.

남편이 사망하자 따라 자결한 여성도 있었다. 예안출신 배재형이 황무지를 개척하는 일에 몰두하다가 1919년 사망하였다. 이에 그의 아내가 18일 동안 단식한 끝에 남편을 따라 자결하였다. 그러자 한족회는 1919년 6월 총재 이탁李沰의 이름으로 포열장襃烈狀을 드려 추모하였다. 거기에는 "목숨을 버려 의를 취하고 효열을 다한 것이니 역사의 사표가 될 만하다."고 적었다.

부녀자들의 삶이란 정상적일 수 없었다. 독립운동가 부친과 남편을 뒷바라지하고, 아이들을 길러야 했다. 일정한 수

입이 있는 것이 아니고, 경험도 없는 농사에 매달리지만 흉
년을 거듭 당하는 어려운 나날이었다. 그런 상황 속에 결혼
하고 아이 낳고, 어른 모시고 병수발을 들고, 생활비를 마
련해야 하는 고난의 나날들이었다. 더구나 마적과 중국 군
인들의 노략질에 목숨을 보전하는 것만으로도 고마워할 정
도였다. 그러니 한 순간도 무슨 행복이니 그런 말은 머릿속
에 그려볼 틈도 없었다. 허은이 회고한 몇 장면을 보자.

　　항상 손님은 많았는데, 뗏거리는 부족했다. 점심 준비하
느라 어떤 때는 중국인에게서 밀을 사다가 국수를 만들곤
하였다. 마당의 땡볕 아래서 맷돌을 돌려 가루를 내고, 또
그것을 반죽해서 국수를 뽑았다. 고명거리가 없으니 간장
과 파만 넣어 드렸다. 삼시 세끼 준비가 결코 녹록치 않았
다. 시집온 다음 해에 한번은 감기가 들었으나 누워서 쉴
수가 없었다. 무리를 했던지 부뚜막에서 죽 솥으로 쓰러지
는 걸 시고모부(강남호-필자 주)가 지나가다 보시고는 얼른
부축하여 떠메고 방에다 눕혔다. 다음 날도 못 일어났다.
그때가 열일곱 살, 그러니까 1922년이었다.

　　애기를 낳은 지 한 달이 되니까 애 아버지(남편 이병화-필

자 주)가 왔다. 그때 잠깐 와 보고 훌쩍 떠난 후로 6년 동안 한 번도 안 나타났다. 신흥무관학교 다닐 때 벌써 독립운동 바람이 들었다. 열여섯 살에 그 학교에 들어가서 졸업학기에 이미 만주 전역과 전 조선을 훑고 다닌다고들 했다.

언젠가는 석주 어른 삼종 고모부 되시는 류림 씨가 광동 사범학교를 졸업하고 우리 집으로 오셨다. 댁은 봉천에 있는데 거기 안 가시고 석주 어른 도우러 오신 것이다. 삼월에 오셔서 팔월까지 계셨다. 식성이 까다로워 아무거나 잡수시지 않아서 반찬해 대느라 애먹었다. 그분도 어르신네들과 함께 독립운동하러 와 있었지만, 식성 까다로운 손님은 오래 계시면 정말 반찬 때문에 걱정스러웠다. 이웃에 마침 중국 사람이 경영하는 피복공장이 있었는데, 거기서 단춧구멍 만드는 일감을 가져다가 부업을 해서 그 돈으로 음식을 장만해 드리기도 했다. 그런데도 잘 잡수시지 않아 얼마나 속상했는지 모른다.

이런 형편이니 부녀자들 없이 어떻게 독립운동이 가능했겠는가. 이해동의 기록도 마찬가지다. 젊다기보다 어렸던 나이에 결혼한 이해동은 시아버지 김동삼을 세 번 만났다.

허은(왼쪽), 이해동(오른쪽)

마지막은 하얼빈 일본총영사관 감옥이고, 바람처럼 지나다
잠깐 만난 것은 두 번이다. 그렇다면 김동삼의 아내 박순부
는 어땠을까. 김동삼이 일제 경찰에게 잡히기까지 활동하던
20년 동안 남편을 본 것이 한 번 아니면 두 번이다. 남편과
시아버지를 만나는 대신 이들은 북만주에 독립운동을 지원
하는 후방 기지를 만들고, 마적을 피하면서 생계를 이어나
가야 했다.

그래도 남편이 어디엔가 살아만 있어도 다행이라 여길 만
했다. 김동삼의 동생 김동만이 1920년 일본군에게 참혹하
게 죽임을 당했을 때, 그 아내의 삶은 말로 표현하기 힘들

다. 일본군에 잡혀 총을 맞고 머리가 반쯤 잘린 참혹한 장면에 김동만의 아내는 실성하였고, 정상적인 생활이 불가능했다. 별 방법을 다 써보아도 회복되지 않자, 고향으로 보내면 혹시 좋아질지도 모른다는 생각에 귀향시켰다. 이해동은 시숙모에 대해 이렇게 썼다.

> 시숙모(김동만의 아내–필자 주)의 정신병은 남편(김동만–필자 주)이 삼합포에서 왜놈에게 총살당한 충격이 원인이라 하겠다. 시숙모의 친정은 진성이씨이니 나의 친정과 일가이고, 양반집 규수로 남편 따라 이국땅에 와서 고생하는 것만도 슬픈 일인데, 남편이 비명으로 목숨을 잃게 되어 삼십이 넘어 중년 과부가 되니 그의 마음이 한시도 편할 수 없는 것은 충분히 이해된다. …… 그때 시숙모는 나무 막대기를 손에 쥐고 장가까지 간 아들을 때리겠다고 따라다니면서, 저녁에는 아들 며느리를 방에도 못 들어오게 하고 하루 종일 횡설수설하고 다니니 보기가 딱하였다.

남편을 잃은, 그것도 참혹하게 잃은, 아내의 슬픔과 충격을 어찌 다른 사람이 그대로 느낄 수 있을까. 그저 막연하게나마 짐작하고 헤아릴 수밖에 없다. 그 참담한 날, 어찌 생각하면 모두가 원망스러울 수도 있다. 좋은 고향산천을 떠나와서 상상하지도 못한 고생을 겪어야 했고, 더구나 하늘처럼 여기던 남편을 눈뜨고 볼 수 없을 만큼 참혹한 모습으로 떠나보내야 했던 양반집 규수출신 부녀자는 억장이 무너졌을 터이니, 그 고통을 조금은 헤아릴 만하다.

이런 정황에 생각해 낸 해결책이 김동만의 부인을 고향 친정으로 보내 안정시키는 것이었다. 고향에 사연을 알린 뒤, 그를 보냈다. 때가 농사철이라 데리고 갈 사람도 없으니, 마치 화물 짐 부치듯 떠나보냈다. 그 모습을 이해동은 이렇게 적었다.

흰 무명천에다 이름을 쓰고 고향 목적지를 먹으로 써서 저고리 등 뒤에 꿰매고 하얼빈에서 국내로 가는 화차에 태워 보내는 방법이다. 당시 정신병이 있는 사람을 그런 방법으로 태워 놓으면 승무원이 도착 정거장까지 데려다 주는 것이다.

그렇게 김동만의 아내는 화물 신세가 되어 고향 안동으로 돌아왔다. 역시 고향은 좋았다. 몇 년 뒤, 상태가 좋아지자 그는 다시 북만주로 아들을 찾아 갔다. 김동만 부인의 이야

__김동삼 가족

기는 희귀한 사례가 아니다. 만주에 독립군 기지를 건설하
다가 사라진 수많은 독립운동가들의 가족 이야기 가운데 하
나일 뿐이다. 그처럼 어려운 곳에서, 그렇게 힘든 세월을
살아갔다. 그러면서도 꺾이지 않고 버틴 것이 독립운동의
바탕이요 텃밭이었다.

그곳에서 태어난 아이들의 성장과정도 어렵기만 했다. 김
동삼이 아내 박순부를 만난 일은 20년 동안에 한 번 아니
면 두 번이었다. 1922년 초 북만주 영안현 주가툰을 찾아

온 김동삼이 이틀 밤을 머물다 홀연히 떠난 뒤, 아내가 태기가 있어 딸 영애를 낳았다. 그 딸은 아홉 살에 하얼빈 일본총영사관 반지하실 감옥에서 한 달 동안 고문을 당해 몰골이 송연한 아버지 김동삼을 처음 만났다. 고개도 들지 못했으니 아버지 얼굴을 모르는 것이나 마찬가지다. 그리고서 다시는 아버지 얼굴을 뵙지 못했고, 만주를 떠돌다가 56년 세월이 흐른 뒤 1988년 서울 현충원 김동삼 묘역 앞에 엎드려 통곡하고, 이듬해 세상을 떠났다. 그 어린 딸아이가 만주에서 살아간 험한 날들을, 가슴에 덩어리로 맺힌 그 아픔을 어찌 모두 헤아릴 수 있으랴.

독립운동가를 이야기하는 동안 우리 모두 이 여성들을 잊어 왔다. 만주로 간 남자들 이름이야 스스로도, 또 일본군 문서에도 드러나지만, 부녀자들의 이름은 찾을 길이 없다. 족보를 봐도 이름이 없으니, 이들의 삶과 공적을 찾아 밝히려고 들어도 그저 누구 아내라고 말할 수밖에 없는 실정이다. 더구나 호적에도 오르지 않은 인물이 다수가 아닌가.

독립운동이나 만주 생활을 말하면, 늘 남자 중심으로 그림을 그려왔다. 독립운동가 3대라면 이상룡과 이준형, 그리고 이병화라는 3대를 중심에 놓고 생각했다. 하지만 독립운동을 가능하게 만든 뿌리이자 바탕인 여인을 중심에 놓고

보자. 이상룡의 아내 김우락은 김대락의 여동생이자 김락의 언니다. 그는 남편을 받들어 최고의 독립운동가로 활동하는 데 기여하였다. 그의 며느리는 진성이씨 이만유의 딸로서 시아버지 이상룡의 그림자가 되고, 남편 이준형이 만주에서 청춘을 바칠 수 있는 텃밭이 되었다. 3대째 며느리 허은은 어떤가. 아버지가 허발이요, 의병장 허위가 그의 재종조부며, 이육사의 어머니 허길이 종고모다. 어디 허위만 그런가. 재종조부 3형제가 모두 그렇다. 허훈·허겸(허환·허노)이 모두 의병에 참여하고 기여했고, 게다가 허겸은 만주로 망명하여 독립운동을 이어간 인물이다. 독립운동가의 집안에 태어나 만주로 망명한 뒤 역시 독립운동가 집안의 며느리가 되어 3대를 지켜낸 인물이 허은이다.

김동삼의 경우를 보아도 마찬가지다. 아내 박순부, 맏며느리 이해동, 둘째 며느리, 제수 등 여인들이 모두 그렇다. 이들의 뒷받침과 희생 없이 김동삼의 역사가 가능했으리라고는 아무도 말하지 못할 것이다. 이원일의 어머니 재령이씨, 처 김경모, 두 여동생, 제수 오순승, 딸 이해동 등도 마찬가지다. 남편 권기일을 잃고 홀로 외아들 권형순을 키워낸 김성金姓 등, 어찌 모두 헤아릴 수가 있을까. 이들이 없었다면 그처럼 오랜 기간에 걸친 독립운동이 존재할 수도

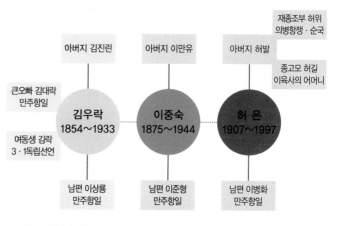

아버지 김진린   아버지 이만유   아버지 허발

재종조부 허위
의병항쟁·순국

종고모 허길
이육사의 어머니

큰오빠 김대락
만주항일

여동생 김락
3·1독립선언

김우락
1854~1933

이중숙
1875~1944

허 은
1907~1997

남편 이상룡
만주항일

남편 이준형
만주항일

남편 이병화
만주항일

이상룡 집안 사례

없었다. 그럼에도 여인들은 늘 역사의 무대에서 벗어나 있
거나 잊혀도 좋은 존재가 되어 왔다.

2) 돌아오지 못한 사람들의 고난

광복을 맞아도 독립운동가와 가족들의 고난은 끝나지 않
았다. 국내로 돌아온 사람들은 고향에 정착하거나 객지를
떠돌기라도 하지만, 돌아오지 못한 사람들도 많았다. 해방
된 지 얼마 지나지 않아 남북한으로 나뉘어 통행이 막히고,
조선의용군으로 중국 내전에 참가했던 사람들은 대개 북한
으로 가거나 만주에 머물렀다. 한국전쟁은 그마저도 오갈

수 있는 가능성을 없애버렸다. 단절의 역사가 길고도 길게 이어지는 사이에, 그곳 이역 만주에 남은 사람들이 받은 고통은 말로 표현할 수 없을 만큼 지독했다.

김동삼의 가족을 예로 들어보자. 맏손자인 김장생은 서울에서 대학을 다니겠다고 귀국했으나 행방을 알 수 없다. 만주에 남은 가족은 1947년 취원창을 떠나 아성현의 남서쪽 구석, 오상현에 가까운 관기둔官基屯으로 옮겼다. 취원창에 터 잡은 3백 가구나 되는 동포들은 마적 떼의 공격을 견딜수가 없어 모두 떠날 수밖에 없었다. 그런데 이어진 중국의 토지개혁과 청산운동은 이들을 숨쉬기도 힘든 구렁텅이로 몰아붙였다. 취원창에 살던 시절을 평가하면서, 이 가족을 부호로 분류하고 핍박했던 것이다. 참으로 어이가 없는 일이었다. 어딜 봐서 이들이 부호였을까. 그러는 바람에 김동삼의 맏아들 김정묵은 불려가서 두들겨 맞아 피투성이가 된 채로 누워 지내다가 1950년 4월 세상을 떠났다. 아들을 먼저 보낸 채 시름에 잠겨있던 김동삼의 아내 박순부도 같은 해 10월에 숨을 거두었다. 남은 일은 맏며느리 이해동의 몫이었다. 청산운동 과정에서 가진 것을 모두 빼앗겨, 가마니를 묶어 이불 삼아 영하 40도 겨울 추위를 견딘 것이나, 이해동이 동냥으로 끼니를 해결한 것은 고난 가운데 그저 작은 사례일 뿐이다. 한용운이 앞장서서 김동삼의 장례를 서울에서 치를 때 작성된 부의록을 갖고 있었는데, 이것을 잃어버린 때가 이 무렵이다. 이해동은 이것을 두고두고 한이 맺히는 일이라고 말했다. 김동삼의 손녀, 덕생(덕축)의 남편은 강용구인데, 그는 이상룡의 사위인 강호석의 아들이다. 강용구는 하얼빈에서 조선의용군 제3지대 교도대대에 들어가 문서정리를 담당하다가, 중국공산당 동북구 평양상업대표단사무소가 북한에 설치될 때 여기에 파견되었고, 덕생도 남편을 따라 북한으로 갔다. 그러다가 덕생은 1950년 12월 신의주에서 미군기 폭격으로 사망했다. 김동삼의 둘째 아들 용묵은 2남 3녀를 데리고 귀국하여 서울에 살다가, 1970년대에 모두 미국으로 갔다.

이해동은 남들보다 이른 1989년 1월 영주永住 귀국했다. 하지만 돌아오고 싶어도 올 수 없는 후손들이 지금도 많다. 또 아버지와 할아버지의 독립운동 사실을 증명하려고 글을 보내오거나 애를 쓰는 사람이 너무 많다. 내앞마을에서 만주로 떠난 사람 가운데 실제 돌아온 후손은 적은 수에 지나지 않는다. 지금도 영주 귀국하려면 독립유공자가 되어야 하지만, 중국의 문서 발굴과 확인 과정이 투명하지 않아 이를 증명하기가 쉽지 않다. 더구나 만주에서 독립운동가들의 이야기를 제대로 전할 만한 사람도 이미 대부분 세상을 떠났다. 조상의 역사를 찾으려는 절규가 들리지만, 이를 해결할 방법이 선뜻 떠오르지 않는다.

20

안동사람들이 펼친
만주 항일전쟁 30년

　1911년부터 시작된 만주지역 안동사람들의 항일투쟁은 1940년에 막을 내렸다. 그 뒤 이어진 여맥이 없을 리야 없겠지만, 일본 관동군의 침략으로 항일전쟁의 대세가 기울어진 것으로 이해되고 있다. 그 대열에 참가하여 펼친 안동사람들의 항일전쟁도 이 무렵까지 이어지다가 막을 내렸다. 시작에서 마무리까지 끊이질 않고 펼쳐진 안동사람들의 항일전쟁, 그 30년 전쟁은 안동사람들의 정신사를 보여주는 것이기도 하였다. 100년 전에 시작하여 70년 전에 끝난 그 전쟁, 빼앗긴 나라를 되찾겠다는 그 장엄한 투쟁의 대열에 안동사람들이 보여준 끈질긴 저항력은 바로 안동문화의 정신적 토대 위에 존재할 수 있었던 것이다.
　과거에 안동사람들이 펼친 독립운동을 삼원포에서 아성

현까지로 이해하기도 했다. 하지만 이 책을 쓰면서 그 시기와 범위를 바꾸어야 한다는 생각을 갖게 되었다. 시작점은 1911년의 유하현 삼원포 정착에서 찾고, 끝은 1940년 류만희(류영준)가 벌인 동북항일연군의 전투에서 찾아야 한다. 물론 안중근 의거에 관련을 가져 옥고를 치른 김형재가 첫 사례이지만, 본격적인 독립운동가들의 만주망명 출발점은 역시 1911년으로 보는 것이 좋겠다.

그 30년 독립전쟁을 돌아보면, 안동사람들의 활동은 대단하고 그 위상은 드높다. 고향에서 일제와 적당히 타협하고 살면, 권리를 충분히 누리고 살 지배계급이자, 넉넉한 살림살이에 빼어난 학문을 자랑할 수 있는 인물들이었다. 그러한 모든 기득권을 뽐내기보다는 겨레에 대한 책무요 의무를 다하지 않으면 안 된다는 판단과, 독립군 기지를 건설하기 위해 머나먼 험지로 망명하는 길을 선택한 것은 숭고하기 짝이 없다. 더구나 남자들만의, 혼자만의 길이 아니었다. 가족이 모두 함께 나선 그 길은 집안이 무너지고 대가 끊어질지도 모르는, 너무나 위험한 선택이었다.

안동에서 몇 사람이, 몇 집안이 떠났는지 분명하지 않다. 김대락과 김동삼이 앞장선 내앞마을에서만 의성김씨 150명이 떠났다. 그리고 이 마을은 역사의 무게와 달리 깊은 침묵 속으로 잦아들었다. 이상룡이 앞장선 안동시내 법흥동과 와룡면 도곡동에서도 고성이씨 150명 정도가 나섰다. 서후면 금계마을의 김원식을 비롯한 의성김씨 문중, 도산면 하계마을과 청구동 율리에서 이원일 가족을 비롯한 진성이씨 집안이, 또 예안면 삼산과 정산, 임동면 대곡 일대에서 전주류씨와 흥해배씨 집안이 대거 그 대열에 참가하였다. 어디 이들뿐이겠는가. 이것은 어디까지나 많은 인물이 망명한 경우에만 한정된 것이고, 작은 무리를 이루어 떠난 사람들도 헤아릴 수 없이 많다. 또 그것이 안동사람만의 대열은 아니다. 안동문화권이라 말하는 큰 권역에서 학맥과 혼맥으로 얽힌 집안들이 함께 걸어간 길이었다. 대표적인 예가 이상룡의 매부인 영덕군 축산면 도곡의 무안박씨 종손 박경종, 김대락의 사돈인 울진군 평해 사동의 황씨 집안, 영양군 주실마을의 한양조씨 집안 등이다. 이들 모두가 일제 침략과 통치에 무릎 꿇고 타협하며 살아갔다면, 기득권을 누리며 지냈을 것이다. 하지만 그들은 그렇지 않았다. 결코 옳지 않은 일에 타협하지 않는 꿋꿋한 정신을 보여주었다.

망명한 뒤, 안동사람들이 걸어간 자취는 그 어느 지역사람보다 뚜렷하다. 1911년 유하현 삼원포에서 경학사를 조직하여 이상룡이 초대 사장을 맡은 사실에서 이야기는 시작한다. 신흥무관학교를 세워 인재를 양성하고, 백서농장과 길남장을 만들어 자급자족 군대를 유지하면서 이상룡·김동삼의 위상은 높아갔다. 1919년 〈대한독립선언서〉가 발표되면서 이상룡과 김동삼의 이름은 독립운동가들을 대표하는 반열에서 확인되고, 민정부인 한족회와 군정부인 서로군정서를 세워 이끌어 가던 최고 핵심인물에도 이들이 들어있었다. 1920년대 독립군의 통합 작업에 앞장서면서 그 이름을 드높인 김동삼이 국민대표회의 의장이 된 것은 당연한 일이었다. 초대 국무령으로 뽑혀 갔던 이상룡의 경우는 더 말할 나위가 없다. 정의부 핵심지도자로 활동하다가 3부 통합회의를 벌일 때에는 기득권을 포기하면서까지 통합·통일운동에 매달린 김동삼과 김원식을 비롯한 안동사람들의 선택은 거룩하기까지 하다. 1930년대 동북인민혁명군과 동북항일연군의 활동에서도 안동사람들의 투쟁이 빛난다. 여기에 참가한 인물들은 처음 망명길에 오른 혁신유림들과 달리, 나라가 무너질 무렵 태어난 제2세대다. 이들은 부모 손에 이끌려 만주로 갔고, 그곳에서 성장하면서 자연스럽게 항일투쟁의 대열에 참가하여, 안동사람들이 펼친 항일 30년 전쟁의 마무리를 장식하였다.

만주에서 펼친 안동사람들의 항일투쟁 30년을 정리하면,

두 가지 특성이 드러난다. 하나는 그들이 대의명분과 의리 정신이란 퇴계학맥의 특성을 고스란히 이어갔다는 사실이다. 그들이 선택한 것은 어느 길이 자신들에게 득 되는지가 아니라, 어느 것이 바른 길인지를 묻고 나아간 것이다. 그 길에서 안동사람들의 선택과 실천이 빛난다는 뜻이다.

다른 하나는 통합성이다. 만주망명을 이끌어 간 주역들은 대부분 혁신유림이었다. 위정척사의 보수적인 분위기가 가장 강한 곳에서, 혁명적인 변화를 꿈꾸고 추진하던 혁신유림들이, 나라가 무너지자 새로운 돌파구를 찾아 나선 길이었다. 이들은 대단한 진보성을 보였다. 만주에서는 다시 새로 들어온 사회주의를 민족문제를 해결하는 방법으로 해석하고 받아들였다. 보수와 진보가 가진 성격과 존재를 모두 인정하면서, 통합의 길을 찾아 나간 것은 오로지 민족의 독립을 성취하기 위한 더 크고 더 넓은 길이었고, 이러한 길을 걸어간 만주지역 안동사람들의 정신은 편 가르기로 정신이 없는 이 시대 사람들이 배워야 할 최고의 가치라고 생각된다.

찾아보기